「源氏物語」の時代を生きた女性たち

服藤早苗 Fukuto Sanae

NHK出版新書
711

「源氏物語」の時代を生きた女性たち　目次

序章　『源氏物語』の時代

紫式部が『源氏物語』を書き始めたのは、諸説があるものの、夫藤原宣孝《のぶたか》が亡くなった年の秋あたりからだろうとされている。夫藤原宣孝が亡くなったのは、一〇〇一（長保三）年四月二十五日のことであった（『尊卑分脈《そんぴぶんみゃく》』）。享年四十九歳ころである。二人の間の娘は二、三歳（数え年）、言葉を覚え始めたかわいい年ごろではあったが、まだ夫を亡くした紫式部の話相手になってくれる歳ではなかった。紫式部三十歳前後のことである。ぽっかり穴の空いたような日々のつれづれに物語を書き始めたのではないか、とされている。

この年、貴族のトップ藤原道長《みちなが》は左大臣、三十六歳。十四歳の娘彰子《しょうし》は、二年前に一条《いちじょう》天皇に入内《じゅだい》し、翌年、中宮に冊立《さくりつ》されていた。待望の皇子敦成《あつひら》親王が誕生するのは一〇〇八（寛弘五）年のことである。さらに、敦成親王が後一条《ごいちじょう》天皇として即位するのは一〇一六（長和五）年。道長は摂政となり、翌年自身は摂政を辞し、嫡子頼通《よりみち》を摂政にすえた。

摂政・関白の地位が、父から子へ世襲的に継承されるようになるはじめである。平安京は都市として活況を呈していた。

平安時代は、桓武《かんむ》天皇が、完成して間近の長岡京《ながおかきょう》から同じ山城《やましろ》国内で都を移し、平安京とした七九四（延暦十三）年から始まる。それから、一一八五（文治一）年、源頼朝《よりとも》が平氏を滅ぼし、守護《しゅご》や地頭《じとう》を任命して、軍事・警察権を掌握した年までの、ほぼ四百年の時期である。もっとも、平安京が不動の都として定まるのは、嵯峨《さが》天皇が「先帝（桓武天皇）の万代の宮と定める平安京」と宣言して以来のことである。

紫式部が『源氏物語』を書いたのは、ちょうどその真ん中ころ。十世紀ころから十一世紀にかけては、摂政・関白が天皇を補佐し政治の表舞台に立つ時代である。ふつう「摂関《せっかん》時代」と呼ばれている。

この平安時代の半ばごろは、奈良時代に始まった律令政治が大きく変容した時代だった。平安時代の初期には、農民たちは、租税台帳でもある戸籍に記載された土地から逃げ出す、すなわち浮浪《ふろう》・逃亡《とうぼう》などを繰り返した。さらに、戸籍には、租税負担のない女や子ども、老人がほとんどになってしまうなど、租税を逃れるさまざまな抵抗運動が激化した。そのため、十世紀の初めころには、それまでの租庸調《そようちょう》などの男性成人個人を単位とした律令的租税制度が廃止され、土地を単位とする課税方式に変更された。また、地方の政治を中央から派遣される国守に一任し、国守は各国の政治をおこない、朝廷には決められた進納物を納入するという請負《うけおい》方式にした。したがって、農民から取れるだけ取って、その中から朝廷に納める分を差し引いたものが、すべて国守の収入になった。この国守を受《ず》領《りょう》という。受領は、中下級貴族が任命されることが多く、妻や子ども、従者、女房など多くの人々を引き連れ実際に地方に赴任していった。このような律令制とは大きく変わった政治のあり方を、王朝国家体制と呼んでいる。

朝廷では、天皇の外戚《がいせき》、つまり、天皇の母の父や兄弟たちが摂政や関白に任命され（十世紀の初頭には一時期摂政・関白が置かれない時代があったが）、天皇を補佐して政治をする摂関政治がおこなわれていた。

紫式部の先輩にあたる歌人で『栄花物語《えいがものがたり》』の作者と考えられている赤染衛門《あかぞめえもん》、少し年上のライバルで『枕草子』を書いた清少納言《せいしょうなごん》、恋多き情熱の歌人である和泉式部《いずみしきぶ》などの女性の名前が思い起こされる時代である。近代以前では、中学校や高校の教科書にも女性名がいちばん多く登場する時代なのではないだろうか。彼女たちは、ほとんどが受領の娘たちだった。

では、なぜ彼女たちは、世界的な遺産ともいうべきすばらしい文学をのこすことができたのだろうか。また、なにに悩み、なにを考え、どのように生活していたのだろうか。本書では主として、平安京で生活した女性たちの結婚や子育て、働き、教養、老後などをさまざまな角度から眺めてみたい。

五位以上の位をもつ階層を貴族というが、紫式部は中下級貴族層の女性である。夫没後、藤原道長の娘彰子に仕え、女房《にょうぼう》になる。彰子は、一条天皇に入内して中宮となり、のちの後一条天皇と後朱雀《ごすざく》天皇を産み、父道長や弟頼通が摂政・関白になる、トップクラスの貴族女性である。いっぽう、紫式部にも雇っている女房や女童《めのわらわ》たちがいたが、彼女たちはいわば下級貴族、あるいは平安京の上層庶民層の女性たちである。今と違って、生まれた身分や階層によって生活の様子が大きく違っていたので、このような点にも十分注意をはらいながら進めていきたい。

第一章　結婚する女たち

1　女と男の出会い

平安のナンパ

さて、最初は、女と男の出会いを考えてみよう。十一世紀末ころに編纂された説話集『今昔物語集《こんじゃくものがたりしゅう》』に載《の》る話である。

近衛《このえ》の舎人《とねり》茨田重方《まんだのしげかた》は、同僚たち四、五人と、伏見稲荷《ふしみいなり》の初午《はつうま》にやってきた。中の社《やしろ》にさしかかったころ、着飾った若い美しい女房が、木の下にたたずんでいるのをみつけた。日ごろから、女好きで有名な重方、さっそく女性に誘いかける。女性も気があるそぶりをみせつつ、

「でも、貴方には奥様がいらっしゃるのでしょう」

と聞く。重方は、

「たしかに一人いますが、顔は猿みたいで、どけちで、うるさいので、他にいい女がいたらそちらに変えようと思っているんです。どうぞ、住まいを教えて下さい」

と答え、頭を女の胸にこすりつけつつ哀願する。すると女は、烏帽子《えぼし》の上から、重方の髪の毛をむんずとつかみ、山も轟《とどろ》くばかりに、「バシッ」と重方の顔を平手打ちする。驚いたのは重方、頭をつかまれたまま、笠の下をのぞき込むと、なんと妻ではないか。

「己《おのれ》は気でも狂ったのか」

頭をつかまれたまま、気も動転する重方に、

「この浮気者め！　こんど家にきたら承知しないからね」

妻はどなりつづける。大騒ぎを聞きつけ、引き返してきた同僚たちは、口々に妻を褒《ほ》め称《たた》える。

「奥さん、よくやったね。いつもいっているとおり、浮気者でしょう」

同僚の前でも恥をかいた重方は、家に帰るが、以後、妻にさんざんからかわれる。そ

の後、重方は亡くなるが、妻は再婚し、幸せにくらした。

浮気な夫を、現行犯で捕まえた妻の手柄話である。のちに狂言にも取り入れられる、私の大好きな、よく取りあげる説話であるが、『今昔物語集』の編者は、大勢の人出で賑わう初午の、しかも同僚たちの前で、夫をギャフンといわせた妻の行為を褒めたたえているのである。着飾った衣装から貴族層か上層庶民層だとわかる女性に、声をかけナンパをする男性。近衛の舎人とは、近衛府に仕える下級役人であるから、上層庶民層である。平安京の男女の出会いと様子が、たいへんリアルにうかがえよう。

ただし、普段は、道で出会ったときに、気楽に声をかけることとは、さほどなかったと思われる。先の説話は、初午の祭であり、日常と違った「晴れ」の日ゆえに、男から女へのナンパができたのである。

「ほどほどの相手」の見つけ方

当時の男女関係が、よく理解できるのは、『堤中納言物語《つつみちゅうなごんものがたり》』におさめられている「ほどほどの懸想《けそう》」である。まず、童たちの懸想が語られる。

賀茂祭の日、女童《めのわらわ》たちは、衵《あこめ》や袴《はかま》を着て、お化粧をし、誰にも負けまいと張り合い行き来する。ちょうど女童と似合いの身分や年齢の小舎人童《こどねりのわらわ》や随身《ずいじん》などは、女童に目を引かれ他愛ない言葉をいい掛け合う。そのなかで、薄紫色の衵を着て、髪は背丈ほどもある、かわいらしい女童がいたのを、頭中将《とうのちゅうじょう》にお仕えする小舎人童がみつけ、ふさやかに実をつけた梅の枝に葵《あおい》を飾りつけて歌を詠《うた》いかけた。

梅が枝に　ふかくぞたのむ　おしなべて　かざす葵の　ねも見てしがな
（この梅に実がいっぱいなっているように、私の恋も実を結んで、誰もがかざす葵の根というように、逢う日を得て共寝をしてみたいものです）

女童は、歌で返事をする。

しめのなかの　葵にかかる　ゆふかづら　くれどねながき　ものと知らなむ
（しめなわをした賀茂神社の境内の葵にかかる「ゆふかづら」を、いくら手繰っても根が長くてつきぬように、くるといってもあっさり寝るわけにはいかないことを知って下さい）

女童は亡き式部卿《しきぶのきょう》宮の姫君に仕える女房か、あるいは乳母《めのと》に仕える童、小舎人童は頭中将の役職にある上級貴族に仕える童の設定になっている。童は、まだ成人していない子どもをいう。当時、天皇や身分の高い家の子どもたちは、男女とも、十二、三歳で成人式をあげるが、庶民層は十五、六歳だった。女童も小舎人童も上層庶民層だから、十三、四歳だろう。男童《おのわらわ》が、祭の日に、顔や容姿を直接みて、声をかけて、相手に意志を伝え、女童がそれに答える。しかも、歌を詠みかける。貴族に仕える者は、童でも、即興的に歌を詠みかけ、それに答える教養がなければならないこと、童であっても「共寝」の性愛関係が許されていたこと、男から女に声をかけるが、女はまずはやんわりとことわる歌を返すことなど、きわめて興味深い事実が明らかになる。

ついで、女房クラスの恋が登場する。

小舎人童が仕える頭中将の家に、雑色《ぞうしき》か下家司《しものけいし》の若い男がいた。「さだめたる所もなくて」、小舎人童の通い所に、いい女房はいないのか、と聞く。すると童は、「中将《ちゅうじょう》・侍従《じじゅう》の君などいふなむ、かたちもよげなりと聞き侍る」と答える。「さらば、そのしるべして伝へさせよ」といって歌を書き、小舎人童に渡す。小舎人童は、女童を介し、女房に渡してもらう。

したにのみ　思ひみだるる　青柳の　かたよる風は　ほのめかさずや

（風に吹かれ乱れる青柳のように、これまで心の中ばかりで思い乱れていましたが、今はじめてあなたへの思いを伝えます。仲立ちの童が、あらかじめほのめかしませんでしたか）

昔は二、三通は返事をしないのがふつうだったが、最近は最初の手紙に返事をするのが流儀というので、と女房は返事する。

ひとすぢに　思ひもよらぬ　青柳は　風につけつつ　さぞみだるらむ

（ひとすじに、私に思いをよせるわけではないあなたは、いい寄るつてがあるたびに、どこの女にでも心を乱しているのでしょう）

なかなか当世風な達筆で、みごとな手紙であった。

身分関係が厳しかった当時、女房クラスと下家司あるいは雑色クラスとは、やはり「ほどほど」の男女関係、つまり似合いの男女関係であった。男女の出会いは、「うわさ」や評判を聞いただけで、顔もみないのに、まずは男から女へ手紙を出すことから始まる。貴族女性たちは、顔をあからさまに出して人々に対応することが、はしたないこととされていたから、男性が女性の容貌や教養を直接目にできることは少なく、同僚の女房や仕える女童や下女たちからの「うわさ」や、何かの拍子にそっとのぞきみる「垣間見《かいまみ》」が普通であった。だから、ここでの評判が、「うわさ」として広まり、女童たちを通して男性が手紙を渡すことになる。

この手紙のやりとりが二、三度続けば、女性の了解のもと、男性が女性の局《つぼね》や家に「通う」ことになる。それが続くと、「定めたる通い所」となる。

男性優位の性愛関係

さて、最後は、それぞれの主《あるじ》たち、頭中将と姫君である。

親王だった父が亡くなると母は尼になり、姫君は京都のはずれの八条で仕える人も少なく生活する。父が生きていたときには女御《にょうご》として入内《じゅだい》させる予定だったのに、今はもう望みがない。小舎人童は通ってくるたびに宮の内もさびしく閑散としている様子をみて、女童に、「自分の主がこの宮のもとに通ってくれるようになればいいのに」と語る。しかし、女実現しないまま、下家司の男性の所にきた女房からの返事の手紙を、頭中将が取りあげ、小舎人童から詳しく聞き出すことがきっかけとなる。頭中将は、亡くなった式部卿宮が生存中は、親しくうかがって庭を拝見したこともあるのに、なんと世の中ははかないものだろう、と思うようになる。結局、姫君に手紙を送り、通うことになる。「いかでいひつきしなどおぼしけるとかや」と結ばれている。

「ほどほどの懸想」の表題にふさわしく、最後は主どうしの、すなわち上層貴族の姫君と頭中将との性愛で終わる。最後に「どうして姫君に契るようになったのか、契らない方がよかったと思われたとか」と結んでいるところが、なかなか微妙である。

上層貴族層では、女房を介して結ばれる男女関係は、ふつうは、正式な夫婦関係ではなかった。女房を仲介としても、最後は父母が出てきて承諾し、結婚式をあげることが、正式な夫婦関係だった。しかも、八条という、京都の中では庶民層が多く住む所に、女房たちも少なく、落ちぶれ、わびしく生活する姫君である。そんなところが、頭中将をして、後悔させるような物憂い恋なのだろう。

ここで注意しておきたいのは、三つの恋とも、男からプロポーズの歌や手紙が出されたことである。『今昔物語集』にも、茨田重方のようなナンパの話が多くみえる。しかし、女から男を誘ったのは一例のみ、それもその女は盗賊の首領だった、という話である。他に、祭や広場、門、辻など、京都のデートスポットともいうべき場所で声をかけたのはすべて男からである。しかも、強引に女と性愛関係をもった例が多い。奈良時代の『万葉集』には、男から愛の告白をすることが多いにしても、女からもあり、しかも女が同意しないかぎり性愛関係にはならなかったことが実証されている。性愛に関しては男と女が対等に近かったのである。ところが、平安中期の『源氏物語』の時代には、すでに、男優位の性愛関係が成立していたことをうかがわせよう。

同じ身分どうしの恋、しかも男からの誘い、これが当時の人々の安定した性愛関係だった。しかし、できれば自分より身分が高く、教養もあり、美貌の男性を恋人にしたい。当時の女性たち誰もが、心密かに願う願望である。

2　結婚――「婿取婚」の実態

プロポーズの作法

「結婚」を国語辞典で引くと、「夫婦になること」とあった。男女が出会って性愛関係をもっても結婚ではない。夫婦になるためには、社会的手続きが必要とされていた。その手続きは、時代によって違っている。まずは、『源氏物語』の書かれる少し前、九五四（天暦八）年から九七四（天延二）年ころまでのことを記したとされている『蜻蛉日記《かげろうにっき》』の作者藤原道綱母《みちつなのはは》の場合をみてみよう。

地方の国に下向し国を支配する受領《ずりょう》階層だった中級貴族を父にもつ作者は、最上層貴族である摂関家の御曹司《おんぞうし》から求婚された。ふつうの人は、仲介者を頼んだり、年配の女房を間にたてたりして手紙を出し、求婚するのに、この御曹司、藤原兼家《かねいえ》は、作者の父親に冗談混じりに直接申し込む。作者の父親倫寧《ともやす》は、兼家の伯父実頼《さねより》の家司であり、交流があったのであろう。受領階層の娘が、上位身分の貴公子にプロポーズされたのである。父親は、小躍りしたにちがいない。もちろん承諾した。

求婚されたのは、九五四（天暦八）年四月ころのことである。作者は十九歳くらい、求婚者兼家は二十六歳。すでにもう一人の妻藤原時姫《ときひめ》との間に道隆《みちたか》が生まれていた。このころは、まだ一人の妻との同居はさほど定着していなかったが、才色兼備で名高い作者にとってみれば、第二夫人になるのであり、プライドが許さない。「びなきこと（困りますわ）」

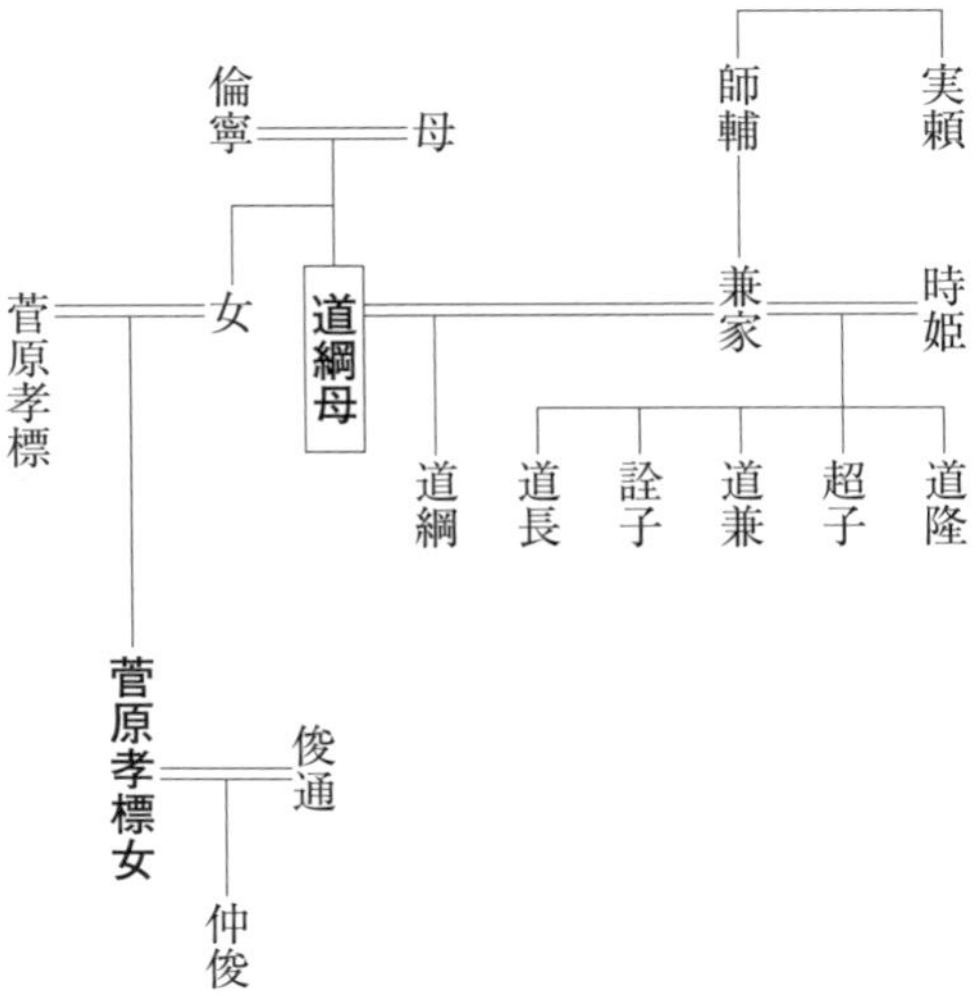

藤原道綱母（『蜻蛉日記』作者）と菅原孝標女（『更級日記』作者）の略系図

とまず拒否する。しかし、父親が承諾している以上、兼家は心強い。馬に乗った人を使者にたて、門をたたかせる。ラブレターの持参である。ついに結婚は成立する。

　中級以上の貴族になると、正式な結婚には、男からの求婚と、女の父母の承諾が必要だった。すでに女性自身での結婚決定権はなくなっていた。

　道綱母の結婚から三十数年後の、藤原道長《みちなが》と左大臣源雅信《まさのぶ》の娘、倫子《りんし》の場合も同じである。『栄花物語』巻三「さまざまなよろこび」に詳しく記されている。道長は、なにかの機会に姫君の「うわさ」を聞いたか、ちらっと「垣間見」て、どうにかして男女の仲になりたいと心深く思い、手紙を出す。しかし、倫子の父親は、「なんと馬鹿馬鹿しい。もってのほかだ。誰があのように口わき黄ばみたる青二才をわが家に出入りさせるものか」と反対する。ところが倫子の母親の藤原穆子《ぼくし》は賢い女性であり、ふだんから道長が馬に乗る姿をみたりしていて、とても将来性を買っている。なんとか夫を説得して結婚にこぎつけた。

この三位殿を急ぎたち給ひて、婿どり給ひつ。

九八七（永延二）年、道長二十二歳、倫子二十四歳のことである。なお、当時、最初の結婚は妻の方が年上の場合が多い。「年上の人」は、ごくふつうだったのである。

十二世紀中ころ、道長の子孫藤原頼長《よりなが》の日記『台記別記《たいきべっき》』には、

十二月十六日、御堂《みどう》（道長）鷹司殿《たかつかさどの》（倫子）に渡御す。

と記されている。「道長が倫子のもとに渡った」のである。道長と倫子の結婚は、「婿どり」であり、道長が倫子の邸宅土御門殿《つちみかどどの》にいくかたちだった。当時の史料には、「婿取《むことり》」とされることが多い。

平安貴族の結婚式

残念ながら、兼家と道綱母の場合も、道長と倫子の場合も、結婚式の詳しい様子はのこっていないので、道長と倫子の次男である左近衛中将教通《のりみち》十七歳と、歌人として名高い藤原公任《きんとう》の娘十三歳との結婚の様子を、公任の養叔父である藤原実資《さねすけ》の日記『小右記《しょうゆうき》』や十一世紀末ころ大江匡房《まさふさ》が著した儀式書『江家次第《ごうけしだい》』などを参考に、結婚式次第をみてみよう。

結婚式は、一〇一二（長和二）年四月二十七日から、公任の姉太皇太后遵子《たいこうたいごうじゅんし》の四条宮の西対《にしのたい》でおこなわれた。

初日には、まず男性から女性に消息が送られる。和歌を書いたラブレターである。昼ころ送られることが多い。

夜になると、松明《たいまつ》の火を先頭に、家人や従者などを従えた婿の行列が、新婦の家にやってくる。二十七日だから、月もない夜である。婿が乗った牛車《ぎっしゃ》の前後には、五位八人、六位二人、随身《ずいじん》と雑色《ぞうしき》十人、合計二十人が付き従った。婿行列である。この人たちは、新郎の父から遣わされている。これに牛の口取りである牛飼童《うしかいのわらわ》や牛車の世話をする車副《くるまぞえ》、すなわち運転手や車掌なども当然、一緒に参加する。また五位や六位にはそれぞれの小舎人童や雑色などもついているから、かなり大勢の行列である。牛車には、道長家司の藤原知章《ともあき》も乗っている。教通にいろいろ指導するのであろう。

新婦の家に到着すると、近親者が室内用照明具である紙燭《しそく》をもって出迎え、婿方の火を移す。この火は、二人の寝室である御帳《みちょう》の前や灯籠などに移され、結婚披露宴まで、ふつうは三日間消さない。

婿が沓《くつ》を脱ぎ寝殿に登ると、沓取人《くつとり》が婿の沓を取る。沓取人は、新婦の父母の場合が多く、婿の沓を懐《ふところ》に入れて寝る。沓を懐に抱くとは、秀吉を思いだしてしまうが、これは沓を暖めるためではなく、ずっと通って欲しい、という妻の両親の願いであり、呪術、いわばまじないであった。この場合は、公任と妻が沓取人だったのであろう。ただし、公任の妻は同居しているものの尼になっていたので、沓を抱いて寝たかどうかはわからない。

さて、婿が御帳の中に入ると、新婦が待っており、婿が着物を脱ぐと、衾覆人《ふすまおいにん》が衾をかける。ふつうは新婦の母親が衾覆の役をする。初夜である。

翌朝暗いうちに、婿は沓を出してもらい、家に帰る。帰り着くと、さっそく、昨夜の二人の愛のあかしを和歌に詠んで、新婦のもとに届ける。この手紙の使者を後朝使と書き「きぬぎぬのつかい」と読む。衣《きぬ》と衣をあわせて同臥した翌朝、男が一夜をともにした女に愛の和歌を送った習俗が、結婚式に取り入れられたのだろうといわれている。なんとも麗《うるわ》しい習俗である。当時の男たちは、常に愛の和歌を書き、言葉をしたためていたのである。

教通の後朝使になったのは、右衛門佐《うえもんのすけ》藤原輔公《すけきみ》だった。輔公は、道長家随身所別当《ずいじんどころべっとう》で、このころ従五位だった。後朝使を迎えた新婦の家では、後朝使へのもてなしの宴が張られる。実資の養子資平《すけひら》は、後朝使の垣下《えんが》、すなわちお相伴《しょうばん》の役に招かれている。当時、資平は従四位だった。日記の作者実資は、「天皇からの御使の垣下ならともかく、左近衛中将クラスの婚礼の御使で四位以上を招くとは」と憤慨している。他にも五位の官人たちが多く招かれたと、華美な宴に眉をよせている。小野宮一家のご意見番たる実資は、豪華な結婚式を不愉快に思ったようだ。

二日目の夜、昨夜と同じことが繰り返される。

三日夜餅と披露宴

ふつうは、三日目の夜に、新婦の父親が主催する露顕《ところあらわし》がおこなわれる。披露宴である。ただし、このころにはすでに吉日を選んでおこなわれることが多くなっており、この場合も五月三日におこなわれた。まず、餅を銀の台に盛り、鶴の形をかたどった箸がそえられ、新郎新婦に供され、食べる。三日夜餅《みかよのもちい》である。その後、新婦の父母や兄弟、親族が集まり、婿や婿行列に同行してきた婿のつき添いたちに酒食が振る舞われ、宴会が催される。また、行列に同行した五位・六位や随身・雑色たち、他に車副《くるまぞえ》、牛飼童《うしかいのわらわ》にまで、新婦の父母によってご馳走が出され、等差《とうさ》をつけた禄《ろく》が与えられた。今でいえば引き出物であろうか。また、翌日ころ、婿の乳母《めのと》にも物が贈られた。

その夜から、婿は、結婚式がおこなわれた妻の邸宅におおっぴらに通うか、同居するようになる。妻の両親は、婿が毎日通ってきたり、帰ってくるように、かいがいしく世話を焼く。

実資は派手な結婚式を憤《いきどお》っているが、公任にとっては、今をときめく左大臣の息子を婿に迎えることができ、有頂天で、盛大な宴を開きたかったのであろう。ここで、注目して

おきたいのは、婿の父道長や母倫子はいっさい結婚式に出ていないことである。道長の日記『御堂関白記《みどうかんぱくき》』四月二十七日条には、

この夜、左三位中将（教通）、太皇太后大夫（公任）と因縁《いんねん》をなす。彼の宮の西の対にこのことありと云々《うんぬん》。

とある。「因縁」とは縁を結ぶこと、当時は姻戚関係を結ぶことをいった。しかも、自分の息子の結婚式なのに「云々」との伝聞でしか記していない。このことからも、道長が結婚式に直接タッチしていなかったことが、うかがえよう。間違いなく、「婿取《むことり》」であり、披露宴の費用もいっさい妻の両親が用意したのである。

ただし、当時の「婿取」は後世の婿取とまったく違うことは、住まいや父親の姓を名のる子どもの名前などにはっきりとうかがえる。

以上が、貴族層の正式な結婚式である。ただし、すべての結婚式がこのように盛大だったわけではないが、重要なのは、三日間通い、最後の夜に三日夜餅を食べ、妻の父母や親族に対面することだった。これによって、貴族社会に夫婦関係の成立を知らせたのである

る。三日夜餅は、今上天皇夫妻や皇族方の結婚式でも食されており、今に続く重要な要素の一つである。

「婿取婚」が常識だった時代

結婚式は、妻の両親が婿を迎える、婿取式である。当時、夫方が嫁を取る儀式は、天皇と東宮以外のどの階層にもなかった。妻の親が、当面の新居になる家に婿を迎える。今でいえば、『サザエさん』の「マスオさん」である。男たちは、身分の高い、財力ある「舅《しゅうと》」に婿取られることを望んでいた。「逆玉」がふつうだった。ただし、道長の結婚でみたように、舅に気に入られるのはなかなか難しい。普段から、「男らしい振る舞い」をしていないと、女性の両親の目にとまることはないのである。

結婚式で、今と大きく違うのは、夫である婿の両親が、結婚式に参列しなかった点である。これも、今と当時の結婚式がまったく逆だったことを、たいへんよく表している。

このような結婚式をあげた妻が、正式な妻だった。『源氏物語』の正式な妻には、ほぼ結婚式が描かれている。光源氏《ひかるげんじ》についていえば、葵上《あおいのうえ》と紫上《むらさきのうえ》、女三宮《おんなさんのみや》の三人にだけ、三日夜餅のことが記されている。この三人が正式な妻であり、他は妾的存在である。もっとも妾も当時は「つま」とよんでいたから、後世のような「日陰者的」存在ではない。

十世紀中ころに結婚した道綱母は、父や祖父が、四位・五位で諸国の国守を務める受領クラスであったが、上層貴族である公卿の御曹司と結婚できた。しかし、十一世紀以降になると、貴族の中でも家柄が決まってきたので、受領層が公卿層の息子を、結婚式をあげ、正式に婿に迎えることは、あまりなくなってくる。同じ階層どうしの結婚が多くなるのである。道綱母が『蜻蛉日記』を書いたのも、トップ貴族と結婚できた自身の栄誉を記したかった側面もあったと思われる。また、先の「ほどほどの懸想」が書かれたのは十一世紀初頭ではないか、とされていることからもうなずけよう。

また、公卿層の娘でも、父や母などの財力ある後見人を亡くした場合、婿を取る費用がないので、正式な妻になれず、妾になったり、女房勤めをすることさえ多くなっている。

庶民層の結婚のあり方は、史料がのこっていないので詳しいことはわからないが、結婚式などはなかったものと思われる。「ほどほどの懸想」のように、男女が意気投合すれば性愛関係が成立し、継続すれば妻の家で生活を始めたのであろう。先にみた『今昔物語集』の茨田重方の場合も、妻は、夫に、「こんど家にきたら承知しないからね」といい渡す台詞《せりふ》があった。妻の家に夫が同居していたからこの台詞になったのである。

十世紀の末ころ、受領層の紫式部の伯父藤原為頼《ためより》が、女の孫が生まれたときに詠んだ歌が、当時の受領層の気持ちを代弁している。

きさきがね　もししからずば　よき国の　わかき受領の　妻がねかもし

（この度生まれた孫娘は、将来の后候補か、もしそうでなければ、豊かな国の若い受領の妻候補であるだろうよ）

3　妻の座

道長の二人の妻と妾たち

結婚式をあげた女性が正式な妻だった。しかし、中級貴族層以上の場合、妻は何人かいた。道長には、倫子の他にもう一人の正式な妻、源明子《めいし》がいた。九六九（安和二）年に起こった「安和《あんな》の変」で大宰権帥《だざいごんのそち》に左遷された醍醐《だいご》天皇皇子左大臣源高明《たかあきら》の娘である。明子は父の兄弟盛明《もりあきら》親王に育てられていたが、親王が亡くなると、道長の姉で一条天皇の母である皇太后詮子《せんし》に引き取られ、養われていた。道長は、女房たちにうまく取り入り、多くの競争相手を後目《しりめ》に、詮子の許しも得て、明子を妻にする。明子と道長の結婚がいつだったのかは、わからない。皇太后詮子が許したのだから、倫子との結婚より早かったのではないか、との説も出されている。ただし、子どもの誕生などからみて、やはり倫子が長女彰子《しょうし》を身ごもっている間、九八八（永延二）年ころの結婚であろう。妻の妊娠期間中に、他の女を求める夫たちの姿は、いつの時代でも同じようである。

道長はなかなか「まめ男」のようで、倫子と明子の二人に、ほぼ同じように子どもを産ませている。倫子は、彰子・頼通・妍子《けんし》・教通・威子《いし》・嬉子《きし》の二男四女を産む。明子は、頼宗《よりむね》・顕信《あきのぶ》・能信《よしのぶ》・寛子《かんし》・尊子《そんし》・長家《ながいえ》の四男二女を産んでいる。

この二人が道長の正式な妻だった。しかし、立場は同じではない。『大鏡』は、「この殿は、北の方二所おはします」とか、「この北の政所《まんどころ》の二人」とあり、倫子と明子の二人の妻が同じ立場だったように記しているが、実際はそうではない。実資の日記『小右記』には、倫子のことは「北方《きたのかた》」と記されるのに、明子は「妾妻《しょうさい》」と書かれたり、邸宅の「高松殿《たかまつどの》」との呼称しかない。倫子が正妻の北の方で、明子が次妻だったことは間違いない。子どもたちの待遇も違っていた。倫子の産んだ息子たちは、元服したとき、正五位下に叙

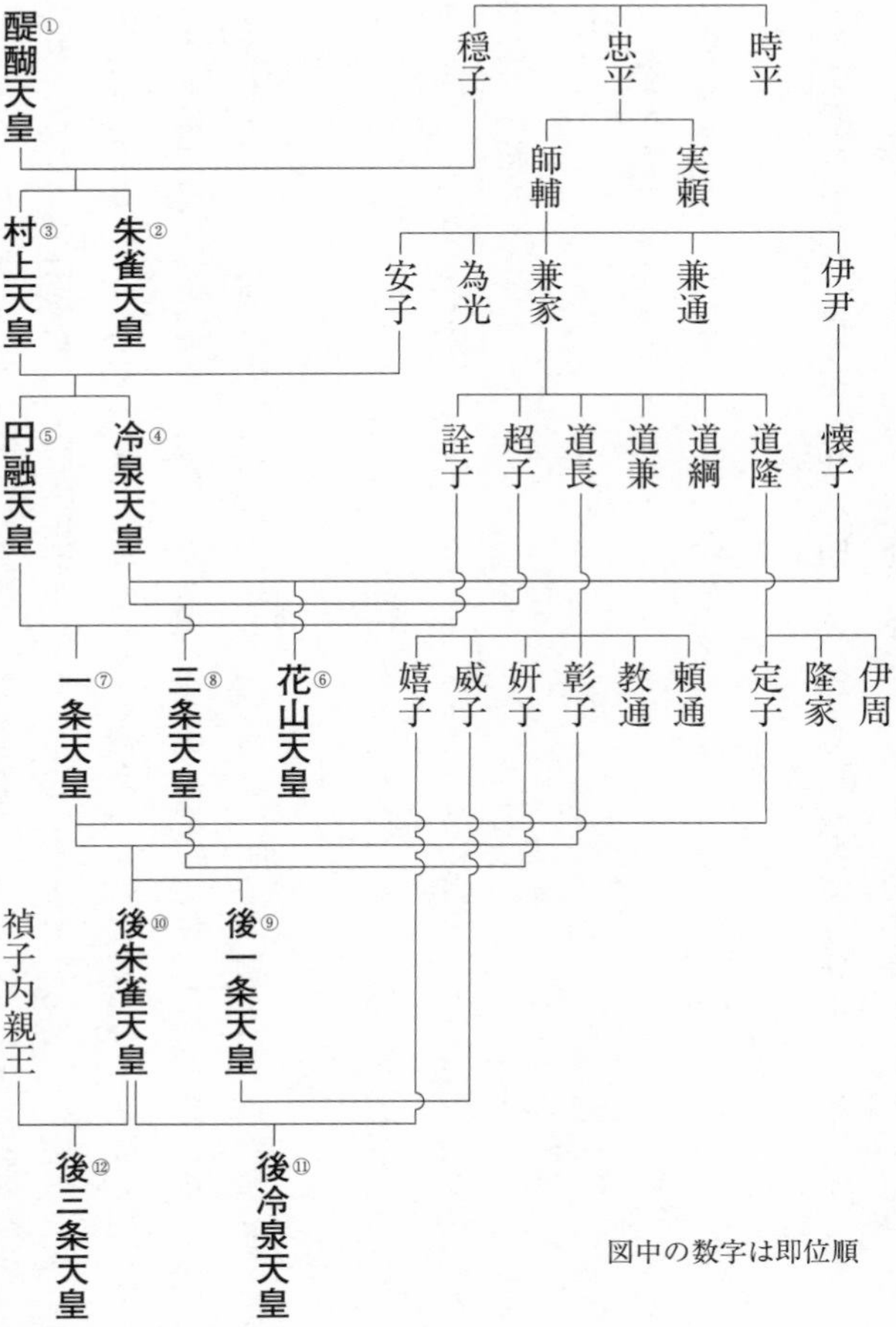
時平
忠平
穏子
醍醐天皇①
実頼
師輔
朱雀天皇②
村上天皇③
伊尹
兼通
兼家
為光
安子
冷泉天皇④
円融天皇⑤
懐子
道隆
道綱
道兼
道長
超子
詮子
伊周
隆家
定子
頼通
教通
彰子
妍子
威子
嬉子
花山天皇⑥
三条天皇⑧
一条天皇⑦
後一条天皇⑨
後朱雀天皇⑩
禎子内親王
後冷泉天皇⑪
後三条天皇⑫
図中の数字は即位順

天皇と藤原氏の略系図

されたのに、明子の息子たちは、一段階下の従五位上であった。したがって昇進も倫子の子どもたちの方がはるかに早い。倫子が産んだ頼通と明子所生の頼宗を比べてみると、頼通が元服し正五位下になるのは十二歳のとき、頼宗が元服するのは十三歳で従五位上だった。頼通はすでに十五歳で正三位に昇るのに、頼宗が正三位になるのは二十一歳、三歳年下の倫子が産んだ教通はすでに正三位になっていた。明子の息子たちが、頼通や教通に反感をもつのは当然だった。

道長が結婚式をあげた正式な妻はこの二人であるが、妾は多い。なお、先述したように妾も「つま」とよまれた。しかし、訓はおなじでも、立場はだいぶ違っていた。次に、この妾たちを紹介しよう。

性愛関係を維持しながら仕えた召人

『栄花物語』(巻八)に次のような話がある。

一条殿(故太政大臣藤原為光《ためみつ》)の四の君は、鷹司殿《たかつかさどの》に移り住んでいたのを、殿の上(倫子)の御消息《しょうそく》が度々あって、お迎えなさって、姫君の御具《ぐ》(相手役)になされたので、道長殿はいろいろ指図して世話をしているうちに、まじめに愛情をかけるようになられた。家司《けいし》なども皆定めて、本格的にお世話されている。

為光の四の君には、花山院《かざんいん》が通っていた。しかし、花山院が亡くなったので、倫子は、娘の相手役の女房にした。道長は、それに情愛をかけ、家司なども定めて本格的に世話をした、という。つまり、妾の一人にしたのである。当時の言葉では、身の回りの世話をする女房で性愛関係を継続させている女性を「召人《めしゅうど》」とも呼んでいた。妾と同じ立場である。

道長の妾は、このように妻や娘の女房たちが多い。もう一人あげてみよう。倫子の兄弟扶義《すけよし》の娘（大納言の君）は、故大納言源重光《しげみつ》の息子則理《のりまさ》を婿取っていたが、離婚になったので、彰子に仕える女房になった。容貌がたいへんよかったので、道長が目をつけ召人にした。倫子の姪であるが、倫子は、「他人ではないのだから」と許したという。

大納言の君は、紫式部の仲のよい同僚で、『紫式部日記』に出てくる。

大納言の君は、たいへん小柄で、小さいといってもいい方の人で、色白でかわいらしく、むっちりと太ってはいるけれども、みかけはずいぶんすらっとしてみえ、髪は背丈より三寸ほど長く、毛先の具合や生え際などは、とにかく比べものにならないくらい気品があって、愛らしい。顔もとても賢い感じで、立ち居振る舞いなんか、洗練されていて、もの柔らかだ。

紫式部にも、なかなか評判がよい。髪が長く真っ直ぐなのは、美人の条件である。当時の人々が、「道長をあれほど夢中にさせる女と別れたとは、則理はみる目がない」と非難したのも、美人で、上品で、利発だったからであろう。もっとも、男女の仲は相性《あいしょう》であり、どんなに才色兼備の妻でも、うまくいかないものは、しかたがない。それは今も昔も同じである。

他に道長の妾は、七、八人いる。また、紫式部と性愛関係があった可能性も指摘されている。

「北の方」と呼ばれた正妻

結婚式をあげ、正式に貴族社会に公表したのが妻だった。そのなかで正妻格が、北の方である。何人かの妻に通っているときは、ある程度たつと正妻格の妻と同居するようになる。同居している妻が、北の方と呼ばれた。倫子は、常に道長と同居しており、北の方と呼ばれた。道長の父兼家の妻のうち、当時、北の方と呼ばれているのは時姫だけであり、道綱母が、北の方と呼ばれている史料はない。北の方こそ、何人かの妻のうち、正妻格であった。『源氏物語』では、光源氏の北の方は、まずは葵上、次に紫上、女三宮が降嫁すると女三宮が、北の方と呼ばれている。

北の方は、一生涯安定した地位ではない。新しい妻と結婚したとき、その妻の方が身分が高い場合、新しい妻と同居し、新しい妻が北の方となる。しかし、前の北の方と離婚するわけではないので、前の北の方は、妻の一人になる。「はじめの北の方」「今の北の方」「まま母の北の方」など、いろいろな呼び方があるのはこのことを示している。正妻といっても、けっして油断してはいけなかった。

頼通の北の方は、具平《ともひら》親王の娘隆姫《たかひめ》だった。頼通と隆姫夫妻は、隆姫の母と高倉殿《たかくらどの》で同居していた。そこに、頼通と三条天皇の皇女禔子《しし》内親王との結婚話がもち上がる。もう一人の妻をもつ話である。

は、いつの世でもいるようである。結局、禔子内親王との結婚話は、中止された。そのため、頼通の正式な妻は、生涯、隆姫一人だった。

この話を読むと、頼通は愛妻家であり、恐妻家で、妻以外の女性には見向きもしなかった聖人君子のように聞こえるが、残念ながらそうではない。じつは、この二宮との結婚話が進んでいる真っ最中、一〇一五（長和四）年十一月七日、

故山井三位（永頼《ながより》）の四娘、産の間、今暁死去す。児《ちご》は、全存、左大将（頼通）の子なり。

と、『小右記』に記されており、妾の一人が、お産で亡くなっている。生まれた子も三日後には、亡くなってしまう。結局、他の二人の妾が子どもを産み、その子が頼通の後継者になっている。

同居の北の方隆姫が嘆き、父の霊までもち出し阻止したのは、正式な結婚であり、しかも自分より身分の高い妻と結婚することによって、正妻、北の方の地位が奪われるからである。もっとも、隆姫は、夫の召人、妾にも嫉妬をする。隆姫の従兄弟憲定《のりさだ》が亡くなっ

て、その娘二人を女房にし、下の娘を頼通の「御まかない、御髪参りなど」、つまり身の回りの世話をさせていたところ、頼通が愛人の一人にしてしまう。隆姫は、「まったく他人ならともかく、縁者との間にそんなことがあってよいものか」と、不愉快な思いをあらわにしたので、下の娘は実家に引きこもり出てこなくなった。結局、頼通の長男道房《みちふさ》を産むが、子どもは生まれるとすぐ道長夫妻に引き取られ、二人の仲も次第に薄れていく。

そして、道房は二十歳で亡くなり、他の妾が産んだ師実《もろざね》が、頼通の後継者になる。隆姫は、倫子と違って、「縁者だから」と不愉快に思ったのであった。同じ関係でも、その人により感じ方は大いに違うものである。

妻たちの交流

『源氏物語』では、四十歳になった光源氏に、朱雀院の女三宮が、降嫁した。それまで北の方として寝殿で同居していた紫上は、その地位を奪われる。六条院の春の町の寝殿を、女三宮に明け渡し、東の対に移っていく。源氏は、女三宮を妻に迎えることを、紫上に話す。

どんなことがあってもあなたに対しては今と変わることはけっしてないはずだから、私をお疑いなさるな。早まって騒いで、つまらぬ嫉妬などしなさるな。

なんとも、身勝手ないい分ではある。しかし、このような男の台詞は、『源氏物語』には、いっぱい出てくる。同じ運命の女性たちも多く登場する。

十世紀から十一世紀の貴族層は、一夫多妻妾制社会であり、妻になること、さらに妻たちのうちでも、同居の正妻になることが望まれた。女性たちの立場は、どのようにみても、男に従属している。しかも、同じ身分なら、努力次第で、正妻の地位を確保することもできた。

たとえば、道長の二人の妻、倫子と明子は、同じく天皇の子孫であり、身分的には同等である。しかも、明子には一条天皇の生母である皇太后詮子がついている。明子と同居に移ってもよかったはずである。しかし、まずは入内する娘たちを産んでいることに加え、道長の日記や『栄花物語』などをみると、倫子は、気働きもよく、おもてなしも上手で、なかなか利発な妻だったようである。だから、夫を引き留めることができたのであろう。

道長と倫子は、常にペアで、寺社詣でをしたり、祭の見物をしたり、娘たちの入内している内裏にいったりと、たいへん仲がよい。ところが、道長が明子と同行している記事はほとんどない。また、性格的にも明子はさほど積極的ではなかったようである。倫子は、正妻の地位が不動ゆえの自信もあり、明子の息子長家《ながいえ》を養子にしている。

権の北の方

妻になるためには、結婚式と同時に、一定の身分が必要だったことをみた。十一世紀になると、同階層どうしの結婚がふつうになっていく。大臣クラスの上層貴族男性と性愛関係をもった受領層の娘は、ほとんど妾の地位になる。しかし、妻ではなくとも、同居して、寵愛をうけると、その地位は不動になり、人々の羨望の的にさえなる。『栄花物語』巻三には、次のような描写がある。

大殿（兼家）は、年来《としごろ》やもめ（一人者）でいらっしゃるので、御召人の典侍《ないしのすけ》への寵愛は、年月のたつに加えて、まったく権《ごん》の北の方のようで、世の中の人は典侍に名簿《みょうぶ》を送ったり、司召《つかさめし》の折には誰もかれもこの局に集まる。

このころ、まだ道綱母は生きていたが、正妻の時姫が死亡してしまい、兼家は「やもめ」だったという。すでに道綱母とは離婚していたことが、文中からうかがえる。召人である典侍が、正妻のような立場にたったので、世の人は典侍に名簿などを差し出し、除目《じもく》（官吏を任命する儀式）の猟官《りょうかん》運動を繰り広げ、諸臣の任官をきめるときなど、この局にみんな集まる、という。この典侍は、兼家の娘の冷泉天皇女御超子《ちょうし》に仕えていた女房で、大輔《おおいのすけ》といった。家に仕えている女房たちと性愛関係を結ぶのは、先に述べたように道長や頼通などにもみられ、当時よくあることであった。その女房が北の方的立場になり、たいそう羽振りがよいという。もちろん、猟官運動をする男たちも、ただでは名簿をもってくるまい。経済的にも裕福になり、たいへん羽振りがよくなる。ただし、けっして正式の北の方にはなれず、「権の北の方」（北の方に準ずる妻）でしかなかった。身分が厳しい社会だったのである。

4 離婚と再婚

夜離れがちなる婿

正式な結婚式をあげると、社会に公認された夫婦である。夫は、おおっぴらに婿として通うようになり、あるいは妻の家で同居し始める。結婚当初は、妻は、自分の家を離れない。自分の父母か、あるいは母がいる家で新婚生活を送れたから、なかなか楽なようにみえる。しかし、いつもうまくいくとはかぎらない。『枕草子』「たのもしげなきもの」の最初にあげられているのは、婿である。

頼もしいかんじがしないもの。飽きっぽくて、相手を忘れがちな婿が、何日も妻の家にやってこない日が続くとき。

これを「夜がれ（離《が》れ）」と書いている。「かたはらいたきもの」にも、

にがにがしい、ばつの悪いもの、……しげしげと通ってこない婿が、朝廷などで妻の父である舅に出会っても、どうしてよいかわからず、はらはらする。

とある。他にも『枕草子』には、婿に関する話が、けっこう多い。きわめつけなのは、「すさまじきもの」である。

大騒ぎして取った婿がこなくなったのも、たいへん不快で、興ざめである。しかも、しかるべき立派な宮仕えをしている人の所に婿取られて、またいつかは自分の所に通ってくれるだろうと待っているなど、本当に不本意である。

当時、結婚式をあげた正式な妻が二、三人いるのが普通だった。せっかく盛大な結婚式をして婿を取ったのに、あまり通ってこないのでどうしているのかとやきもきしていると、自分より身分の高い家の女性と結婚し、そこにはしげしげと通う、という。たしかにこのような話は多かったにちがいない。他人である清少納言より、当の妻の思いは、いかばかりであろう。婿の夜離れが、長続きすれば、実質的に離婚となる。妻が実家で生活できる婿取婚は、女性にとって幸福そうにみえるが、けっしてそうではないのである。

夫が通ってこなくなれば、離婚となる。道綱母も結局夫の通いがとだえ、離婚している。『蜻蛉日記』は、当時の妻たちの思いが、ゆたかにあふれ出ている文学作品である。

一夫多妻妾が許されている社会は、女性にとって苦悩の多い社会である。

タブーとされた妻の不倫

夫が他の妻のもとに通っているのなら、妻も他の男を通わせればいいではないか。私など、思わずそう口走ってしまいそうであるが、残念ながら、正式な妻は、夫以外の男性との性関係はタブーだった。もしそれが発覚したら、離婚とあいなる。

その典型的な例は、和泉式部である。和泉式部は、九七〇年代後半に生まれたようで、最初は二十歳前後で橘道貞《みちさだ》と結婚し、のちの小式部内侍《こしきぶのないし》が生まれている。橘道貞は、九九九（長保一）年、和泉守となって赴任するが、このときは和泉式部も同行している。しかし、そのころから、冷泉天皇の第三皇子、為尊《ためたか》親王との恋愛関係がめばえ、道貞との仲も冷め、結局離婚になる。小式部内侍が生まれたときの歌は、なかなか興味がある。世間では、和泉式部は男関係が多いので、誰が父親だろうか、と噂するので、次のような歌を詠んだ。

此の世には　いかが定めん　おのづから　昔を問はん　人に問へかし

死後に生前のおこないを審判する人にお聞きなさい、と反発した歌である。和泉式部の歌には、複数の男性に同時に惹《ひ》かれる心の告白が多く、男が多くの浮気をするのに対し、女だって浮気をしてどうして悪いの、という「浮気権対等行使宣言」を高らかに歌ったのだ、とする説が出されている。さらに、為尊親王が亡くなり、弟の敦道《あつみち》親王の召人となり、同居して幸福な生活をしていても、前の夫道貞への愛の未練を詠んでいる。

すでに妻になった女性が、夫以外の男性との性関係をもった場合、世間は非難する。和泉式部の父親が、娘を勘当《かんどう》したのも、夫がいる身で他の男性と恋愛関係をもったからだろうといわれている。

正月七日、おやの勘事（勘当）なりしほどに、若菜やるとて

こまごまに　生ふとは聞けど　無き名をば　いづらは今日も　人のつみける

（いろいろな菜が生えていると聞くが、事実無根の浮き名を、どうしたのか、今日も人が摘むようだ）

返し、おや

無き名ぞと　いふ人もなし　君が身に　生ひのみつむと　聞くぞ苦しき

（事実無根の浮き名という人もいない。君の身に浮き名が生じ積もる一方だと聞くのが苦しい）

（『和泉式部集』）

この当時、妻が夫以外の男性と性愛関係をもち、それが世間の噂になることが、モラル的によくないこととされていたことが明らかとなる。もっとも勘当といっても、「親子の縁切り」という厳しいものではなく、「叱りとばす」といったほどの意味である。正式な妻は、夫以外の男性との性愛関係はタブーだった。ただし、正式な夫をもたない女性たち、女房などは、男性と同じように、何人もの男性を恋人にしていたようである。

離婚権は夫にあった

夫は何人もの妻との結婚が許され、しかも大勢の妾をもつことも許されるのに、妻が他の男性との性愛関係をおおっぴらに披露すると離婚になる。ということは、貴族層では、夫にこそ離婚権があったことになる。

妻が夫以外の男性との性愛関係をもつことは、いまでいえば「不倫」であるが、当時は、密通《みっつう》といった。『今昔物語集』には、密通の話がいくつも出てくる。「ある殿上人《てんじょうびと》の家に忍びて通う名僧のこと」（原文カタカナ、以下同じ）という話もその一つである。殿上人とは、四位・五位で、特別に天皇のいる殿に入ることを許された貴族である。

ある殿上人の家に密かに通ってくる高貴な僧がいた。ある日、殿上人は朝廷に出仕していたが、途中で遊びにゆくことになったので、使いに烏帽子《えぼし》と狩衣《かりぎぬ》（平安貴族の平服）を取りに帰らせた。妻は、暗がりの中で、ちょうどしのんで来ていた僧の服を畳んで入れてしまった。恥をかいたのは、仲間たちにも僧服をみられてしまった夫の殿上人である。僧服を畳んで、和歌をそえて送り返した。

とはいかに　今日は卯月《うづき》の一日《ひとひ》かは　またきもしつる　衣替《ころもが》へかな

（こんなものを届けるとはどういうことか、今日は四月一日というわけでもないのに、早々と衣替え、衣を取り違えるとは）

和歌をみて、妻は「しまった！」と頭を抱えたにちがいない。ときすでに遅し！

結局夫は、

やがて其のままに家にも行かずして絶にけり

妻の家にいかなくなり、絶えてしまった、つまり離婚になったわけである。

妻が密通をすると、この説話のように、ほとんど離婚になる。さらに、密通をしている妻が、相手の男と一緒に、夫を殺そうと謀《はか》る説話も多い。夫は多くの妻や妾をもつのに、正式な妻は、夫以外の男性との性愛関係はタブーだったことが確認されよう。とりわけ、貴族層の妻は、貞操観《ていそうかん》が要求されたのである。もっとも、結婚期間中の貞操であり、結婚する前の性経験はいけないとする処女観や、一生のうち一人の男とだけ性愛関係をもつことが女の理想であるという貞操観は、成立していなかった。

妻からの離婚

和泉式部のように、「浮気権対等行使宣言」までしなくても、通ってこない夫に離婚宣言をつきつけてもいいではないか、と私など思ってしまうが、しかし、残念ながら、そのような妻たちの例は多くない。『今昔物語集』には、そのような離婚宣言が一例だけある。三河守大江定基《さだもと》という人がいた。中級貴族である。同居していた妻に加えて、「若く盛りにして形端正なる女」に通い始める。

本《もと》の妻《め》強《あなが》ちに嫉妬《しっと》して、忽《たちま》ちに夫妻《めおと》の契《ちぎ》りを忘れて相離《あいはな》れけり。

定基は、本妻ではなく、新しい妻と三河の国に赴任した。ところがこの妻は重病になり、死んでしまう。嘆き悲しんだ定基は、葬式もしないで抱いていた。

日頃経るに、口を吸ひけるに、女の口よりあさましき臭き香《か》出来《いでき》たりける。

死体の妻とキスをしたら、すでに腐り始め、口から臭い臭気がし、ついに世をはかなんで出家する話である。これは、夫の浮気を妻が嫉妬して、妻の方から離婚する話である。ところが、鎌倉初期にできた『宇治拾遺物語《うじしゅういものがたり》』にこの話が再録された際には、もとの妻《め》をば去りつつ、若く形良き女に思ひつきて、それを妻にてと、定基から離婚したことになっている。鎌倉時代には、貴族層では、夫からの離婚がより定着したからにほかなるまい。

『今昔物語集』で、妻からの離婚は、妻の両親が死亡し、夫の世話をする経済力がなくなった場合である。「婿取婚」は、結婚当初、妻の両親が新婚夫妻の生活の援助をする結婚の形だったから、それができなくなると、夫はさっさと妻の家から出ていったり、通ってこなくなったりする。でも、妻への未練があり、夫が去りかねていると、妻の方から離婚をいい出す。経済力がないと、婿を取れず、また途中で経済力がなくなると、離婚になる。だから、「ほどほどの懸想」でみたような親王の娘たちでも、父母が亡くなると落ちぶれて侘《わ》びしく生活しており、女房の手引きでやっと男性と関係をもっても、正式な妻ではなく、妾か召人にしかなれないのである。

女性たちの再婚事情

離婚したといっても、世間から非難されるわけではない。和泉式部は、敦道親王が亡くなると、また彰子のもとで女房勤めをする。女房勤めの間に知り合った道長の家司、藤原保昌《やすまさ》と再婚する。保昌は下級貴族であったが、大富豪だった。情熱をかけた恋人、敦道親王が亡くなって、三、四年後のことである。「恋多き女性」との評判がたっても、けっして強い否定的非難ではなかった。むしろ、そんな評判の女性との結婚は、男性にとって誉《ほま》れでもあった。

離婚したあと宮仕えをする女性たちは、たいへん多い。清少納言も同じである。十六歳前後で、橘則光《のりみつ》と最初の結婚をした清少納言は、結婚の翌年則長《のりなが》を産む。二十五、六歳で、この結婚を解消し、九九三（正暦四）年ころ、一条天皇の中宮定子《ちゅうぐうていし》のもとに宮仕えをするが、一〇〇〇（長保二）年、定子が亡くなると、宮仕えを辞《や》めた。その後、藤原棟世《むねよ》と結婚をし、夫と同行して地方に赴任したようである。なお、清少納言が晩年に落魄《らくはく》し、地方をさまよったというのは、中世以降につくられた伝説であり、史実ではない。

庶民層の再婚は、最初にみた近衛舎人茨田重方《しげかた》の妻の例でよくわかる。『今昔物語集』では、最後に、

其の妻、重方失せける後には、年も長《おとな》に成りて人の妻に成りてぞ有りけるとなむ語り

伝へたると也。

と結ばれている。『今昔物語集』の編者は、妻の行動を賢い行為として誉めており、だから、夫が亡くなって、「長」、つまり壮年になっても、他の男と再婚して幸せに暮らした、と評価している。庶民層でも、賢く、思慮《しりょ》深い女性は、夫が亡くなっても、再婚して幸せな生活を送ることができたのである。

第二章　住まう女たち

1　夫婦はどこに居住したのか

妻の両親と同居

結婚儀式をあげ、正式な夫として世間に公表すると、夫婦と認められる。では、どこで、誰と暮らすのであろうか。ここでは、「どこで」、すなわち同居する家屋をみてみよう。

十世紀の半ばころ結婚した藤原兼家《かねいえ》は、道綱母の所に通っていた。道綱母の邸宅が新婚邸宅であった。道綱母の父母の邸宅である。兼家は、最初に結婚したもう一人の妻、時姫にも通っていた。新婚当初は、時姫の父母の邸宅だと思われる。

十世紀の末に結婚した道長は、ある程度通った後で、土御門殿《つちみかどどの》に同居したようである。倫子《りんし》の父源雅信《まさのぶ》は、土御門左大臣とも呼ばれていたから、妻の父母の家屋に道長が同居したことになる。道長は、ここを本第《ほんだい》として生活し、娘彰子《しょうし》が一条天皇に入内《じゅだい》すると、ここが里第《さとだい》になった。土御門第は、上東門第《じょうとうもん》・京極殿ともいわれた。彰子が女院になったとき、上東門院と号したのは、この邸宅の名前にちなんでいる。土御門第、すなわち上東門第は、少なくとも穆子《ぼくし》、倫子、彰子と三代の女性が住んだのである。婿取婚だったから、この様に邸宅居住者が、女性から女性へと移る場合も多い。

道長の正妻倫子腹の次男教通《のりみち》は、藤原公任《きんとう》の娘と結婚したが、ほとんど通うことなく、結婚儀式後、妻方で同居を始めたようである。

このように、兼家と道綱母の場合も、道長と倫子の場合も、教通と公任娘の場合も、結婚儀式をおこなったり、新婚当初に通ったり、同居したりする邸宅は、妻方で用意した。当時は、この形が多かったのである。通いの場合はもちろんのこと、同居の場合も、結婚儀式をあげる正式な妻の場合は、妻方での同居である。妻方居住婚《つまがたきょじゅうこん》といわれる居住の形をとる。

この妻方の邸宅で、生涯にわたり生活を続けることもあった。藤原実資《さねすけ》の養孫資房《すけふさ》は、一〇二三（治安三）年一月二日、十七歳で備前守源経相《つねすけ》に婿取られ、経相宅で生活していた。寝殿には源経相夫妻が住み、東の対に経相娘と資房の夫妻が住んでいた。経相は、雅信の孫である。一〇三九（長暦三）年十月、経相は、六十一歳で没する。そのときの資房の日記『春記《しゅんき》』には次のように記されている。

悲慟《ひどう》の至り、所為《せむかた》を知らず。予、親に付すの後、十八カ年、今に至りてはその志《こころざし》薄きといへども、衣食等の雑事、巨細みな彼の人の養顧《ようこ》にあり、また父子に異ならず。この二・三年、その心尋常なるも、皆変改あり。予等のために、一切懇志《こんし》なし。

結婚し同居して十八年間、衣食などを妻の父に面倒をみてもらっている。ただ、「ここ二、三年はどうしようもなかった」と憤慨しているのは、経相の妻が亡くなり、後妻が入ってきたが、その後妻が貪欲で、婿や子どもたちに財産を与えなかったからのようである。いずれにしても、結婚以来、妻の両親と同居し、結局この邸宅は、娘に譲られ、資房夫妻が寝殿に移り、主となり、生活している。寝殿に住むのは当主夫婦の場合が多い。後妻は、出ていったようである。資房の場合は、妻方で同居し、家屋が父から娘夫婦に譲られた例である。

新処居住

身分の高い婿は、妻の邸宅に通うことはあっても、妻方には同居しないこともある。冷泉《れいぜい》天皇の第四皇子、敦道《あつみち》親王は、和泉式部《いずみしきぶ》との熱愛で有名であるが、最初は道隆《みちたか》の三女と結婚する。当初は、道隆の邸宅に通っていたが、敦道親王の邸宅南院《なんいん》に妻を引き取ったようである。しかし、この女性は、離婚し、父母も亡くなって一条あたりに落ちぶれて暮らす。その後、敦道親王は、東宮居貞《いやさだ》親王のキサキで済時《なりとき》女娍子《せいし》の妹と結婚し、南院に迎え同居する。ところが、和泉式部が同居するようになったため、北の方は、怒って実家に帰ってしまう。『和泉式部日記』には、敦道親王が、和泉式部を自邸に連れて帰り、北の方がたいへん不愉快な思いをして出ていく様子が詳しく記されている。敦道親王は、和泉式部のことを、北の方に、

髪などをすかせようとして呼んだ女だ

と言い訳している。身の回りの世話をする女房、すなわち召人《めしゅうど》である。和泉式部は正式な妻ではない。敦道親王の正式な結婚は、通いをへて、自分の邸宅に妻を迎える、夫方が家

屋を用意する「新処居住婚」だった。

『源氏物語』では、頭中将《とうのちゅうじょう》も最初は右大臣家の姫君のもとに通っていたが、いつからかそこに同居している。『源氏物語』でも、同等身分の場合、正式な結婚では、新婚当初は、間違いなく妻方居住婚である。ところが、光源氏は、左大臣の娘である正妻葵上《あおいのうえ》とは同居せず、父桐壺帝《きりつぼてい》に新築してもらった二条院に住み、左大臣の三条殿に通っている。葵上が死亡したこともあり、同居することはなかった。

しかし、妻方で新婚生活をスタートしても、一生涯、そこで暮らすことは少なかった。生涯にわたる妻方居住ではないのである。一定期間たつと、この妻方邸宅を出て、妻の両親とは別居することが多い。これが、後世の「婿を取る」結婚の形と大きく違うところである。

道長の場合は、妻の父源雅信と母藤原穆子《ぼくし》が、未婚の次女、中の君を連れて一条殿に移り、土御門殿は、道長と倫子夫妻、それに生まれた子どもたちが住んだ。これ以降、雅信は、一条左大臣といわれ、穆子は、一条殿、あるいは一条尼上などと呼ばれている。

この一条殿で、中の君に婿取りがおこなわれた。相手は、『蜻蛉日記』の作者が産んだ道綱である。道綱は、最初の妻と死に別れ、弟道長と同じように、左大臣源雅信に婿取られたのである。もっとも、雅信は亡くなっており、母穆子が責任者となり婿取ったようである。ふつうは、父のいない姫君は、後見人がおらず、婿の面倒をみられないので、なかなか結婚できなかったり、せいぜい妾的立場になることが多い。しかし、左大臣道長の後見があったゆえ、道綱も喜んで婿取られたのであろう。

ところが、中の君は、初産《ういざん》で男子を無事産んだが、後産《あとざん》がおりず、死亡してしまう。一〇〇〇（長保二）年のことである。道綱四十六歳、二番目の妻にも死に別れたのであった。倫子は三十七歳だから、中の君は享年三十歳前後であろうか。道綱は、八十六歳まで長生きした穆子を母に、九十歳という驚異的な長寿をとげた倫子を姉にもち、八十七歳とこれまた長生きをした姫彰子という、長寿三代の中に生まれた女性を妻にしたのに先立たれてしまったのである。なんとも女運の悪い男である。道綱の場合も妻方居住だった。

また、道綱母の姉は、通っていた夫為雅《ためまさ》が別の所に引き移している。為雅が用意した邸宅で同居したのであろう。これは新処居住である。

教通を婿取った藤原公任自身は、九九〇（正暦一）年、藤原道兼《みちかね》が養女にしていた昭平《あきひら》親王娘と結婚する。道兼の邸宅二条殿の東の対に婿取りされ、通っていた。少したつと、公任は四条宮の西の対を立派にしつらえて妻を迎え、同居した。寝殿や別棟は、公任の姉で円融《えんゆう》天皇皇后の遵子《じゅんし》や花山天皇女御の諟子《しし》などが里第にしており、対面している（『栄花物語』巻四）。早い時期に、夫の邸宅に引き連れていった例である。しかし、公任の父頼忠《よりただ》は、九八九（永祚二）年、六十六歳で没しており、また、頼忠の邸宅は三条殿だったから、父との同居ではない。

このように、一定期間たつと妻の両親とは別居する場合が多い。その際に住む邸宅は、夫の両親が提供したり、夫が他人の家を借りたり、あるいは夫の才覚で新居を入手して用意することが多い。ただし、のちに詳しくみるが、夫の父親と同じ屋敷に同居することは、けっしてない。

『今昔物語集』には、庶民層の結婚や居住の様子も出ているが、そこでも郡司や国守が官舎に住む二例のほかは、夫の両親との同居はない。郡司や豪族層では、妻方居住が多い。庶民層でも、裕福な場合は、同じ居住形態だったと思われる。しかし、ふつうの庶民層は、狭い家屋に住んでいたと思われるから、逆に夫婦と子どもの新処居住婚だったようである。

家屋の相続

当時の家屋は、倫子から彰子に土御門第が譲られたように、女性から女性へと譲与されることもあった。また、資房の場合のように、父から娘夫妻に譲られることも多い。いっぽう、父から息子に譲られることも多く、また、売買されることも多かった。道長などは、父や一族から伝領した家屋や、権勢と財力にまかせて購入した家屋、家人的追随者《ついずい》から贈られた家屋など、いくつもの家屋をもっていた。だから、彰子には土御門第、妍子には枇杷《びわ》第、教通には三条第など、娘や息子たちに家屋を譲ったのである。

藤原実資は、九七四（天延二）年ころ、十八歳くらいで、源惟正《これまさ》に婿取られる。邸宅は、惟正が提供した二条第だった。結婚当初は、妻方居住である。ところが、この妻は、九八六（寛和二）年に、一人娘をのこして亡くなってしまう。実資には、養父実頼から譲られた小野宮第があり、二条第と小野宮第を折りにふれ使い分けていたが、この一人娘が亡くなってしまうと、二条第を五千石で源清延《きよのぶ》に売り、この五千石で小野宮第を増築している。惟正には男子もいたが、二条第は娘である実資の妻に譲られ、死亡したので実資のものになったのである。妻の父から、実資に直接土地券文を譲られていたのかもしれないが、妻と女子が生きていれば、妻の所有になったはずである。二条第は、父から娘への処分であり、小野宮第は父から息子への処分である。

九九三（正暦四）年ころ、実資は、もと花山天皇の女御だった為平《ためひら》親王娘婉子《えんし》女王と結婚し、為平親王の邸宅である染殿《そめどの》に住む。しかし、五年後、この妻も亡くなってしまう。実資四十二歳のことだった。実資もまた女運の悪い男性であった。その五年間、実資が染殿に住んでいたことは、二十年ほどのちの一〇一六（長和五）年二月十八日の『小右記』から明らかになる。

染殿より箏《そう》二、琴六が返された。先年染殿に住んでいた間、置いてそのままにしていたものである。明日、斎宮《さいぐう》が染殿から出立するので、雑物を移し運ぶために整理したところ出てきた。そのため、送ってきた。

この斎宮は、婉子女王の妹具平親王妃の娘嫥子女王だった。染殿には、婉子女王の母親である源高明女《たかあきらのむすめ》が娘の子ども、すなわち孫娘たちと住んでいたのである。実資は、妻が亡くなって妻方の家から引き上げるとき、楽器を置いたままにしていた、という。その後、実資は小野宮第で生活し、以後、正式な妻をもうけることはなかった。
実資の場合は、小野宮第という名邸をもっていても、結婚生活は、主として妻方で送っていた。妻が長生きしていれば、いずれは妻子を連れて小野宮第に移り、ここで同居したことであろう。この時期、家屋の所有権と、結婚生活を送る邸宅とは、別の場合が多く、区別して考えなければならない。

家屋の獲得

貴族男性は、昇進した暁《あかつき》に、自分の力で家屋を入手することが理想だった。清少納言の家屋論を拝聴しよう。

「かうぶり得て」、すなわち五位になって、それ相応の官職を得た男が、大喜びで、板垣の粗末な家屋を修理したり、垣根を直したり、あるいは車庫に新しい牛車を入れて、これみよがしに吹聴するのはよくない。むしろ、最初は、親や自分が仕えている主や、兄などの空き家を借り、もしそれもない場合は、地方に赴任《ふにん》して空き家になっている受領の家や、もしくは、女院や親王などいくつも家屋をもっている人に借りた方がよい。本当にしっかりした官についたとき、それ相応の家屋を造るべきである。

たしかに、当時の日記をみると、他人の家を借りて住んでいる場合も結構ある。だから、婚姻居住のルールなどなかった、という研究者もいる。しかし、結婚した場合、誰と住むのか、すなわち婚姻居住形態は、すでに述べたように、間違いなく決まりがあったことがわかるのである。

家屋を手に入れる努力は、庶民層でも同じである。京都に住んでいる貧しい女がいた。「指《さ》せる夫なくして懐妊《かいにん》」してしまった。しかし、子どもを産み育てる場所もない。毎日清水寺にお参りしていたら、清水の鎮守明神から金三両が授かる。

一両を直米三石に売って、それで家を買って、その家で無事に子どもを産んだ。のこりの二両を売って、生活費にあて、安心して暮らした。

(『今昔物語集』)

庶民層でも、子どもを養育する家屋が必要であり、三石程度で買えたようである。今の米の値段で換算すると、三石は今の容積にして一石二斗だから、一キロ四百円として(二〇二三年、わが家の買う米の値段、一升は一・五キロ)、七万二千円である。先の実資の五千石は、一億二千万円になるから、比較すると、庶民層の家屋は、土間と板敷き間のみの小さなものだったと思われる。

2 夫婦は誰と居住したのか

母系家族から夫婦家族へ

結婚の当初は、妻方が用意した家屋で同居することが多いことをみた。この居住形態からみて、結婚当初は、妻の両親や姉妹たちと同居することが多い。当然ながら、同じ屋敷に住む同居の家族は、妻の両親と新婚夫婦となる。また妻の未婚の兄弟や姉妹、姉妹の夫なども同居しており、いわゆる母系家族である。

道長は、当初は、妻倫子の父源雅信と母藤原穆子《ぼくし》、未婚の「中の君」と同居していた。まさに、母系家族である。なお、源雅信と藤原穆子の間の時通・時叙・時方などの男子は、すべて外に婿として出している。男子がいなかったから女子に婿を取ったわけではない。

もっとも、道長夫妻が住んだ土御門第は、最初は一町だったから、今でいえば四千五百坪ほどになる。この広大な邸宅の中に、夫婦と子どもだけが住んでいたわけではない。夫婦それぞれに従っている女房、従者、女童《めのわらわ》、子どもたち各自には、乳母《めのと》、女房など、あるいは、家司《けいし》、雑色《ぞうしき》、下人、下女など、邸宅内には、常時百五十人から二百人はいただろうとされている。夫婦と子どもの親族家族と、仕えている大勢の人々、これが邸宅内で生活する家の構成員である。女房も家司も自分の家屋や家族をもち、通っていたり、一定期間住み込んで奉仕したりする。今でいえば、大きな会社のようなものである。現在の核家族を想定してはならない。

ただし、夫の両親が住んでいる邸宅に、妻や子どもを引き連れて帰ることはけっしてない。だから、両親と息子夫婦が同じ屋敷内で同居することはない。夫の両親と息子夫婦の同居という、父系直系二世代家族は、ふつうはない。父夫婦と息子夫婦の家族は、平安中期には未成立なのである。

当時の物語や日記などをみると、舅《しゅうと》は妻の父や兄弟たち、姑《しゅうとめ》は妻の母や姉妹たちをさすことが多い。今とはまったく逆である。ここからも、夫の両親と関係が薄かったことがうかがえよう。夫の両親と嫁との確執《かくしつ》、すなわち嫁姑問題はなかった。

新処居住に移るとき、夫の両親や夫の才覚で家屋を用意するではないか、との疑問もでよう。しかし、けっして夫の両親とは同居しない。教通の場合は、そのことがよくわかる。結婚三年後の、一〇一五（長和四）年四月十三日の藤原実資の日記、『小右記』には、次のようにある。

真夜中の十二時ころ、南方に火がみえた。下人を見に遣わした。帰ってきて、「左衛《さえ》門督《もんのかみ》（教通）家が焼亡している」という。大納言公任が同宿しているので、驚きながら資平を車の後ろに乗せ、馳せ向かった。教通と公任は、すでに、家業《いえなり》の宅に避難していた。立ったまま二人に逢う。大納言道綱以下の多くの公卿や貴族が、火事見舞いに訪れた。左相府（道長）は近辺に車を留めており、左金吾（教通）が道長の命令で車のもとまで来た。大納言は、「一つも取り出せなかった」という。また左金吾も同じようなことをいっている。焼亡した建物は、左大臣（道長）の所有である。昨日、故殿（実頼）の御日記、季御読経の経巻などを、大納言の依頼によって貸したばかりである。「貸した物はどうした」と聞くと、「取り出せなかった」という。ほんとうに悔しい、悔しい。また、年中行事葉子二帖、韻抄《いんしょう》二帖も同じように貸してあったがそれも焼けてしまったという。葉子などはあえて惜しくない。しかし、故殿の御日記は、何としても残念だ。ああ嘆息、嘆息。（中略）、左衛門督（教通）は先月の八日、戌子に転居（移徙《いし》）したばかりである。たいした日にちも経たないのに焼亡してしまった。童女《わらわめ》が焼き殺されたという。

教通が妻と子どもと一緒に移った邸宅は、父道長所有の家屋だった。夫方提供の家屋での生活である。しかし、同居していたのは、妻の父大納言公任であり、道長ではなかった。しかも、公任は一時的に滞在していたのではなく、全般的な同居だったと思われる。まことに有り難いことに、次の文書が、平安末に編纂された『朝野群載《ちょうやぐんさい》』巻七に載っている。

件《くだん》の庄代々相伝《だいだいそうでん》のところなり。而《しか》るに本公験《ほんくげん》等、去る四月十三日左衛門督（教通）三条家焼亡のついでに、紛失しおわんぬ。仍《よ》って旧の如《ごと》く立券《りっけん》され、兼ねて司・寄人《よりゅうど》等の臨時雑役《りんじぞうやく》を労免《ろうめん》されんことを。

これは、公任が、播磨国衙《はりまのこくが》に提出した文書の一部である。つまり、教通家が焼けたとき、公任の荘園所有文書、つまり土地登記書も焼けてしまったので再発行してほしい、という内容である。火事の日付けまで合っているので、間違いない。土地登記書まで三条家にあったということは、ちょっと立ち寄ったための同居ではなく、日常生活も含めて同居していたことになる。

公任と教通の場合は、新処居住で夫婦と子どもだけになったのではなく、妻方で用意した邸宅から夫方で用意した邸宅への移動であったが、夫の父が用意した邸宅でも、夫の父とは同居していないのである。

兄弟姉妹家族

道綱母の邸宅には、兼家が通い、道綱が生まれ育っているが、同じ屋敷の違う棟には、姉が住み、夫為雅《ためまさ》が通っていた。二人の父は陸奥《むつ》の国守として赴任しており、留守である。姉妹が同居し、それぞれの婿が通ってきている例である。ただし、のちに姉は、夫が用意した邸宅に移ったことはすでに述べたところである。

道綱母は、九六七（康保四）年十一月ころ、夫兼家が提供した家に移る。しかし、兼家とは同居しない。その邸宅の西の対へ、兼家の妹で、醍醐天皇の皇子重明《しげあきら》親王の妻だったが、親王が亡くなると村上天皇のキサキになった登子《とうし》が、一時期里下がりしてきた。公任は、妻の邸宅に通ったのち、自分の姉妹の里第である四条宮の西の対に妻子を連れ帰り、同居していた。同じ屋敷の中に、姉妹の里第がある例である。

なお、兄弟姉妹が同居することはあるが、その場合、複数の世帯が同居するのは、母系姉妹の世帯のみである。夫の両親と息子夫婦が同じ屋敷内に同居することや、兄弟の世帯が同居することは、この時代にはない。

高群逸枝氏の婚姻研究

平安時代の結婚形態を、たいへん詳細に調べたのは、高群逸枝《たかむれいつえ》氏で、大著『招婿婚《しょうせいこん》の研究』には、古代から現代までの婚姻大系が記されている。しかし、刊行からすでに七十年以上もたっており、研究の進展もあって多くの修正をしなければならない。また、栗原弘氏が、『高群逸枝の婚姻女性史像の検討』という著書で、高群は意図的誤謬《ごびゅう》をしたのであり、あれは創作、フィクションである、というショッキングな指摘をされた。そのため、高群氏の研究はもう反故《ほご》になったのかと、ご質問される方も多いが、心配ご無用。栗原氏の主たる高群批判は、新処居住に移るとき、夫の父が家屋を用意することが多いのに、しかもそのことを高群は知っていたのに、それを例外とした、という点においてである。しかし、夫の父とは同じ邸宅で同居しないこと、すなわち父系二世代同居家族がなかったことは間違いないと、栗原氏も、本文ではなく註でそっと私の論文を評価し、指摘されている。

女性史からみたとき、「誰が家屋を提供したか」より、「むしろ誰と同居するのか」の方が、はるかに重要な問題である。嫁姑の確執は最近でもいまだ問題になっており、老人介護の問題で、長男の嫁の受難は今でも続いているのだから。夫方提供家屋に移っても、教通の場合の様に、妻の両親とは同居していない。したがって、同居形態からみた高群氏の研究成果は、今でも十分実証に耐える貴重な研究成果なのである。高群氏が明らかにした婚姻居住形態、すなわち、「どの親と同居するか」、という視点からの分析では、今でも有効なのである。

高群氏は、九世紀末から十一世紀末までの、いわゆる摂関時代、ここで検討している時代の婚姻形態を、「純婿取婚《じゅんむことりこん》」と名付けている。この用語そのものは、すでに述べたように、再検討の必要がある。だから、「婿取婚」という言葉はさけた方がよいとの指摘もうなずける。しかし、婚姻居住の視点から、高群氏の研究を言い換えると、「妻方の両親が婿を取り、新婚当初は妻方で生活し、一定期間たつと新処居住に移り、けっして夫の両親とは同じ屋敷に住まない」、と指摘したことになる。家族形態からみるなら、母系家族か夫婦家族かであり、父系直系二世代家族はない、と主張したのである。これは、今でも正しい。

妻妾同居家族

敦道親王は、北の方が同居している邸宅に、和泉式部を連れていき同居した。これは、召人、すなわち妾的立場の女性であり、妻と夫が住む邸宅に、このような立場の女性が同居することは、多かった。系図類をみると、母のところに「家女房」と記している場合などその例である。しかし、正式に結婚儀式をあげ、妻になった女性が、同じ屋敷に同居することはほとんどなかった。このことを忘れてはならない。

第三章　産み育てる女たち

1　命をかけた出産

期待される出産

婿取りして四五年まで産屋《うぶや》のさわぎせぬ所

「すさまじきもの」、興《きょう》ざめで、おもしろくないもの。婿を取ったのに、四、五年もお産がないこと。これは『枕草子』の一文である。今でも、結婚すると、「お子さんはまだ?」との挨拶《あいさつ》がかわされることがあるが、この当時にも始まっていた。子どもが欲しいのにできない女性には、何とも傷つく言葉である。現在では、間違いなくセクハラなので、気をつけなければいけない。

奈良時代から平安時代初めころまでは、父親の政治的地位や身分を、実の男子が継ぐべきだ、との考えはいまだ確立していなかった。氏《うじ》集団の中で、能力あるものが、氏上《うじのかみ》の地位を継いだし、庶民層では、子どもは共同体の一員であり、父親の違いでさほど変化はなかった。だから、「実の子どもがどうしても欲しい」という切実な要求は、たいしてなかったと思われる。実の子どもが継ぐべき私的な財産や地位がさほどなかったからである。ところが、十世紀以降になると、貴族層では、代々継いでいく家業《かぎょう》のようなものが芽生える。貴族の家業は、朝廷の仕事の分担だったから、男から男へと継がれる。また、都市の庶民層では、老後の生活の保障のためにも、子どもが必要だった。子どもが欲しいという説話は、このころから多くなっていく。

すさまじきもの。……博士のうちつづき女児をうませたる。

これも同じ『枕草子』である。博士の家も、家業になっていたから、どうしても男が欲しい。ところが女の子ばかり生まれる。これは期待はずれで、その家にふさわしくない。

くちおしきもの。……いみじうほしうする人の、子生まで年ごろ具したる。

残念なもの……。非常に子どもを欲しがっている人が、子どもを産まない妻と長年連れ添っているのも残念である、という。子どもができないと、別れてもよいという社会的共通認識があったからであろう。

めでたい出産

結婚すると子どもが期待されたから、出産のときには大騒ぎをした。この時代の出産で、たいへん詳しく知ることができるのは、道長と倫子の娘、彰子の出産である。一〇〇八（寛弘五）年九月十一日、彰子は一条天皇の皇子敦成《あつひら》親王を出産した。十二歳のとき入内していたから、結婚後、九年目の出産、しかも皇子の誕生とは、道長は、天にも昇る心地がしたことであろう。

彰子の懐妊《かいにん》を最初に察したのは、一条天皇であった。

「去年の十二月には例の障《さわ》り（月経）もなかった。この月も二十日ばかりになってもないし、気分もよくない」と(彰子が)おっしゃっているが、私にはよくわからないが、これは間違いなく、妊娠だろう。早く大殿(道長)や母などにお話し申しあげよう。

(『栄花物語』巻八)

これは、一条天皇の言葉である。すでに、寵愛していた故定子《ていし》皇后が三人も子どもを産んでおり、経験豊かな天皇は、彰子の様子からわかったのであろう。それにしても、夫婦の会話として、なかなか興味深い。彰子の父親である道長が知ったのは、愛人の一人、彰子の女房大輔《おおいのすけ》から耳打ちされたときであり、天皇より遅い。

彰子は、妊娠五カ月目の四月、内裏から上東門第《じょうとうもん》(土御門第)に退出する。着帯《ちゃくたい》のことなどをおこなったうえで、六月十四日にはまた参内し、七月十六日には内裏から退出する。八カ月になっていた。上東門第では、出産の準備がおこなわれ、予定日近くになると、女房たちも大勢集まる。紫式部もその一人。以後、詳しい記録が『紫式部日記』に記されている。

九月九日、彰子は産気《さんけ》づくと、天皇の命令によって造られていた白木《しらき》の御帳《みちょう》に替えられ、畳や垂れ絹なども白一色の調度の中に移る。それから、本格的な出産劇である。

山という山、寺という寺を探し求めて大勢呼び集められた効験《こうげん》ある祈禱《きとう》僧が、声を張り上げ祈禱《きとう》する。世間に名の知られた陰陽師《おんみょうじ》も、呪文《じゅもん》を唱える。外では悪霊を払うために、散米《うちまき》（魔除けのために米を撒くこと）をする。悪霊を呼び移す「よりまし（祈禱師が霊を一時的に乗り移らせるための媒体）」の口を借り、悪霊たちがわめきたてる。女房たちは、一人のこらず参上して、狭い場所にぎっしり詰め込まれ、声を出し、祈る。こう書いただけで、喧騒《けんそう》が伝わってきそうである。なんとも、にぎにぎしい、出産イベントが開幕したのである。

当時の出産は、天皇の子どもたちの場合でなくても、僧侶や陰陽師が祈っている史料は多いから、けっこううるさかったようである。当の産婦は、いきみも他の人々には聞かれず、かえって安心していたのかもしれない。

出産は座産《ざさん》だったから、前からと後ろから二人の女房が、産婦を抱きかかえ、介添えしたようである。出産直前になると、白木御帳から出て、寝殿の北の母屋庇《ひさし》にしつらえた御帳に入り出産する。この御帳の中には、母倫子と、女房の道綱女豊子《ほうし》、教通の乳母蔵命《くらのみょう》婦《ぶ》の三人が入っている。蔵命婦は、大中臣輔親《おおなかとみのすけちか》の妻であるが、取り上げ名人で、道長の娘たちが出産するとき、いつも奉仕した、とある。経験豊富な産婆《さんば》さんのような役割をする女性がいたようである。この二人の女房が、前後から抱きかかえる介添え役にちがいない。

彰子は初産《ういざん》でもあり、難産だった。ついに僧侶が呼ばれ、彰子の頂《いただき》の髪を削《そ》ぐ。生命の危険があるときは、万一のことを配慮して、形式的な出家得度《とくど》儀式をして、今生の加護と、後世の安楽とを願う。

十一日の午刻、すなわち正午ころに、無事男子が産まれた。道長の待ちに待った皇子である。当時の日記には、道長が、

御喜悦《きえつ》の心、喩《たと》ふべき方なし

と語ったとある。

要求される男女の産み分け

十二歳で、女の成人式である裳着《もぎ》をさせ、一条天皇に入内させたものの、一向に子ども

が生まれない彰子に、ほぞをかむ思いだった道長にとって、男子の出産は、喩《たと》えようもないほどの喜びだった。摂関時代と呼ばれる政治形態の当時、天皇の外祖父となってはじめて本格的な政治権力を握ることができた。一条天皇は、道長をひいきにしてくれる姉詮子の息子であり、甥ではあったが、しかし孫ではない。道長は、一条天皇のとき、摂政・関白に就任していない。彰子が産んだ敦成《あつひら》親王が後一条天皇として即位したとき、道長は摂政に就任するが一年足らずで辞退し、息子の頼通を摂政にする。頼通二十六歳のときである。最年少の摂政だった。ここで、師輔《もろすけ》―兼家―道長―頼通の家筋ラインが、ほぼ確立する。敦成親王がいかに貴重な親王だったかがうかがえよう。

彰子は二人の親王を産むことができたが、女子を産んでしまった妹妍子《けんし》は、道長のご機嫌をそこねている。一〇一三（長和二）年七月七日、妍子は、三条天皇の子どもを産む。彰子の初産と違って、たいへん安産だったようである。ところが、女子であった。のちの陽明門院禎子内親王《ようめいもんいんていし》である。実資の『小右記』には次のような内容が書かれてある。

相府（道長）は、出産祝いにきた公卿や、妍子の宮に奉仕している殿人などとあわない。「不悦《ふえつ》の気色甚《きしょくはなは》だ露《あら》わなり」。女をお産みになったことによるか。しかし、男女は

「天の為すところ」である。人の力ではどうしようもないではないか。

父親に冷淡にされた産婦妍子の気持ちは、いかばかりであったろう。実資ならずとも、天がおこなうことであり、人の力ではどうしようもあるまい。

このように、天皇に入内させた娘たちには、男子が望まれた。しかし、貴族層の妻には、まず女子が望まれた。上層貴族は、入内させる娘が必要だったからである。また、中下級貴族では、政治力のある男性や息子を婿に取ることによって、親戚関係を結び、自分自身や、親族の昇級をはかるためである。それを見事なまでにやりとげたのは、道長の妻倫子である。まず、最初に娘彰子を、二番目に頼通を産んでいる。一姫二太郎である。道長は、さほど能力ある政治家ではなかった、とされることが多い。それでも、権勢を手中にできたのは、姉である一条天皇の母詮子が、一条天皇にごり押しをしたからであり、また、娘たちがそれぞれの天皇に入内し、しかも彰子が二人の親王を産んだからである。つまり、妻が女子を産み、娘が男子を産んでくれたおかげである。

頼通の妻隆姫《たかひめ》には子どもができなかった。隆姫は子ども祈願のために、多くの寺社参りをしている。一〇一六(長和五)年六月二十三日、隆姫は三井寺にお参りしている。

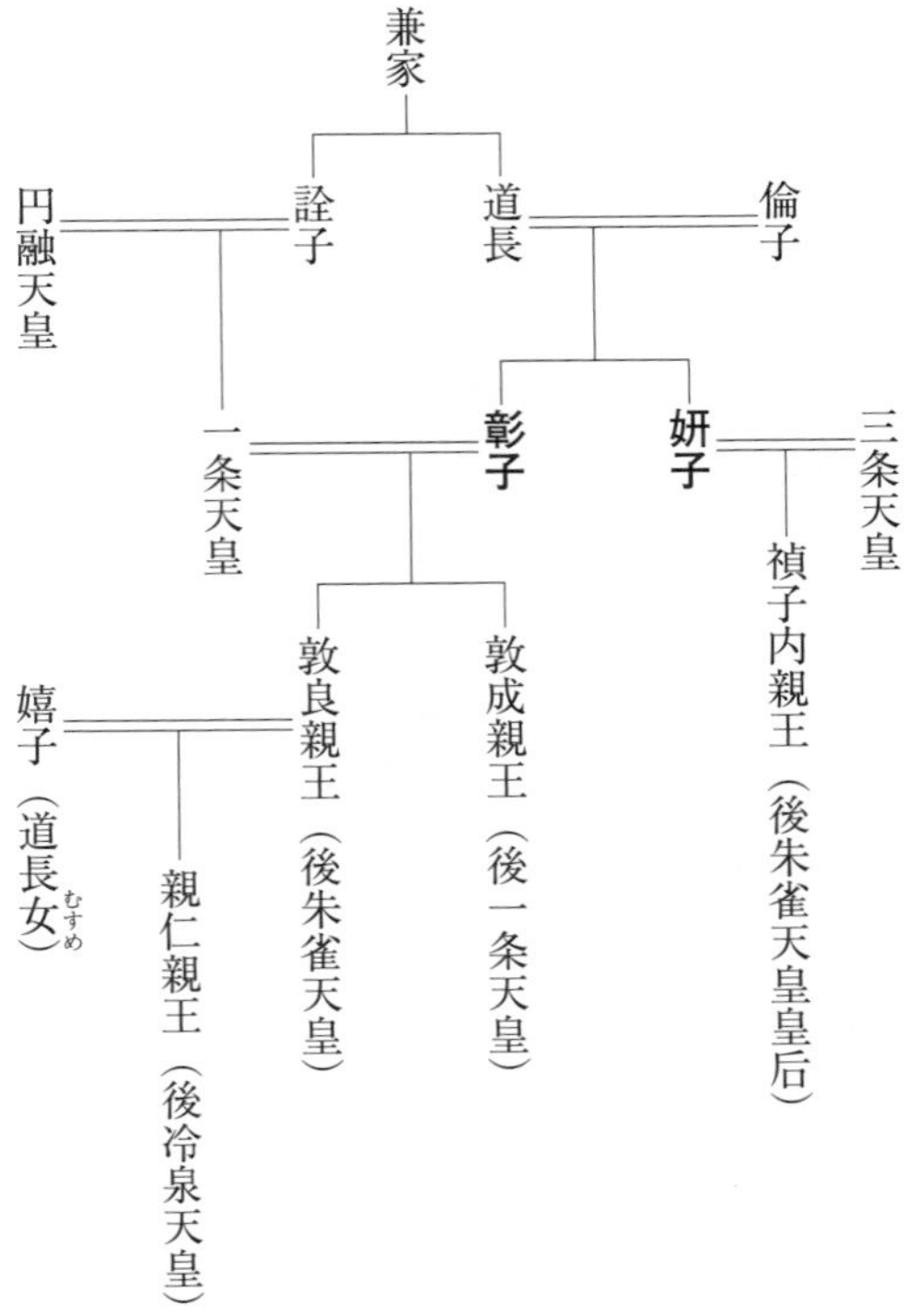

彰子と妍子の婚姻関係と親仁親王の系図

昨日左将軍（頼通）の内方（隆姫）、三井寺に参る。今日よりはじめて、百箇日の間、毎日等身観音《とうしんかんのん》一体を奉顕し、供養し奉る。女子祈願の趣なり。

（『小右記』）

隆姫二十二歳、結婚して七年のことである。「子ども祈願」ではなく、「女子祈願」と明記してある。まずは女子が欲しい、摂関家の新妻としては、切実な願いだったのであろう。翌年には、長谷《はせ》観音に参詣している。長谷寺《はせでら》は、当時から子授け観音として霊験あらたかで、多くの参詣があった。道綱母もいっている。

多い産死

現在、日本では、出産で亡くなる産婦も新生児も、きわめて少ない。世界でも、最も少ない国の一つである。しかし、前近代社会では、お産で死亡する女性も、赤ん坊もたいへん多かった。

すさまじきもの……乳児《ちご》亡くなりたる産屋《うぶや》。

期待はずれでおもしろくないもの、生まれた赤ん坊が亡くなってしまった出産場所、これも『枕草子』である。

当時、十数年に一度くらい赤斑瘡《あかもがさ》、いまでいう麻疹《はしか》が大流行する。一度罹《かか》ると免疫になるが、産婦が罹ると、母子ともに亡くなることが多かった。道長と倫子の末っ子嬉子《きし》は、一〇二五（万寿二）年八月三日、姉彰子が産んだ東宮敦良《あつなが》親王との子ども親仁《ちかひと》親王（のちの後冷泉《ごれいぜい》天皇）を無事出産するものの、五日には亡くなっている。十九歳の若さだった。

この年、赤斑瘡が大流行していた。実資の日記をみると、七月ころから大流行し始め、以前罹らなかった人も含め、三十歳以下の上中下の都人が煩《わずら》っており、実資の娘も、養子五人も、若い人ほとんど全員が煩ったようである。八月二十七日には、道長の息子長家《ながいえ》の妻斉信《ただのぶ》女が、妊娠七カ月で産気づき、子どもを出産したが、子どもは亡くなる。当時、七カ月では、育たない。二日後、産婦も亡くなってしまう。病気で体力をなくしており、そこで出産をすると、回復できぬまま亡くなるのであろう。

産死は、病気のためだけではなかった。上層貴族の女子は、若いときに結婚することが多くなる。結婚すれば、子どもが期待され、若年で出産することになる。教通の妻で公任《きんとう》の娘は、十三歳で結婚した。一〇一四（長和三）年、十五歳で長女生子《せいし》を産む。十五歳は数え年だから、今なら十四歳である。その後、十七歳で次女真子、十八歳で流産、十九歳で長男信家《のぶいえ》、二十二歳で次男通基《みちもと》と歓子《かんし》、二十三歳で三男信長《のぶなが》、二十五歳で四男静覚《じょうかく》を出産する。十年間に、じつに八回も妊娠したことになる。しかも、この間にもう一人か二人子どもがいたともいわれている。毎年、妊娠・出産をしていたことになろう。考えただけで体力の回復は難しい気がする。しかし、孕《はら》まねばならなかった。産むことが女性にとっていちばん大切な仕事になっていたのだから。若年結婚と多産、そして産死。このような貴族女性は、たいへん多かったのである。

2　貴族の子育て

乳母による子育て

貴族女性は、なぜ、毎年のように妊娠するのだろうか。じつは、ちゃんと理由があった。それは、彼女たちが、ふつう、授乳をしなかったからである。授乳していないと、出産後すぐ妊娠しやすくなる。乳児がおっぱいを飲むために乳頭《にゅうとう》を刺激すると、それが脳に達して、母乳を出すよう促進するホルモンが分泌され、乳汁が出る。ところが、このホルモンは、乳の出を促すと同時に、妊娠を抑制《よくせい》する働きももっている。ということは、授乳していると、妊娠しにくくなるのである。このメカニズムは、現代の科学で明らかになったことだが、もちろん、当時、科学的にわかっていたわけではない。きっと、経験的に、授乳をしていると妊娠しにくいことを学び取っていたのであろう。そのころかなり高い年齢まで、子どもに歯が生えても授乳していたのは、庶民層の智恵だった。逆に、天皇のキサキや上層貴族層の妻にとっては、子どもを産むことが大切な仕事だった。だから、妊娠を促すために、授乳しなかったのである。そのために、母体が回復する間もなく、次々に妊娠したのであった。

授乳は、だいたい一つ下の階層の女性がおこなった。乳母《めのと》である。『更級日記《さらしなにっき》』には、作者にも、姉にも、別々の乳母がいたことが記されているから、五位以上の貴族層では、赤ん坊が生まれると、赤ん坊一人につき一人の乳母を雇ったようである。

苦しげなるもの。夜泣きといふものするちごの乳母。

（『枕草子』）

みるからに苦しそうなものは、夜泣きをする赤ん坊の乳母、これも清少納言の言葉である。赤ん坊は、夜泣きをする一時期があるが、たしかに、どうしても泣きやまないことがある。真っ暗で、静まりかえった夜中、泣き続ける赤ん坊、一生懸命赤ん坊をあやしている乳母を想像しただけで、清少納言と同じように同情してしまう。

乳母は、授乳だけではなく、子どもの養育も受けもつ。育てた子どもが女子の場合には、結婚相手もそれとなく探してくる。乳母の手引きによって男女が関係をもつ例は、物語にも、和歌の詞書《ことばがき》などにも、枚挙《まいきょ》にいとまがない。

乳母は、育てた子どものもう一人の「親」として、一生の間かかわっていく。生まれたときから授乳し、身の回りの世話をし、必要な教育もするから、ある意味では、実母よりも強い絆で結ばれることにもなる。しかも、一つ下の階層の授乳中の女性が雇われるから、育てた子どもが成長し経済力をもった暁には、乳母の生活や老後の面倒をみることもたいへん多い。実資など、乳母が亡くなるまで、いろいろなものを贈り、経済的な面倒をみていることが日記に出てくる。

『更級日記』には、父の上総国《かずさのくに》赴任にも一緒についていった作者の乳母が、帰京した翌年亡くなっているが、作者は、「いみじく泣きくらした」と記している。上総には作者の実母は同行せず、継母が一緒に行っている。なお、この実母は『蜻蛉日記《かげろうにっき》』の作者道綱母の妹である。実母よりも乳母の方が、時間的にも多く接していることがわかる。日記からは、実母よりも乳母への思慕の方が強いように思われる。また、作者の姉の乳母は、姉が出産で亡くなった後、作者たちの家を出ているから、生きていれば一生付き添い、家女房の一人として働いたのであろう。

かしこきものは乳母の夫こそあれ

『枕草子』(三巻本)の「かしこきもの」には、「かしこきもの、恐れ多い、すぐれているものは、乳母の夫である。妻のご主人の養君をかさにきて、力を発揮する。天皇から、受領の家まで同じである」とある。他の本には、「にくきもの、乳母の男こそあれ」。にくらしいものは、乳母の夫である、わが物顔に振る舞っている、と記されている。

乳母の夫が、妻の養っている子を背景に、他の従者や家人に、威張《いば》り散らしている様子がうかがえよう。「虎《とら》の威《い》を藉《か》る狐《きつね》」である。このことわざは、すでに『今昔物語集』にあるから、清少納言もそんな気持ちで書いたのであろう。

いちばんうらやましがられる乳母、これは天皇の乳母である。自分が育てた親王が天皇として即位すると、典侍《ないしのすけ》という女官の役職に就き、公的な報酬をもらい、ついには三位の位をもらうことが多い。三位とは、天皇のキサキたちでも、中宮や皇后になる女性や次期天皇の母親になった場合くらいしかもらえないことが多い。その位をもらうのである。また、日常的にも、天皇からさまざまなお下がりをもらったり、天皇に口添えしてもらうために男性貴族層からの「志《こころざし》」も多い。いまでいえば、「付け届け」である。けっして悪いことではなかった。

天皇の乳母は、五位かせいぜい四位が精いっぱいの下級貴族、すなわち受領クラスの妻たちが勤めていることが多い。受領層は、公卿クラスの上層貴族の家司や家人を兼任することが多く、いっぽう、乳母になる女性は、女房としてその家に勤めており、そこで職場結婚することもある。同階層どうしの結婚である。妻が乳母として養ってきた子が、天皇になっているのである。母代わりの乳母の口利きであれば、実入りのよい国の国守になるのは、たやすいことである。また、乳母は、養君《やしないぎみ》である天皇の遺産をもらっている、と記す史料も多い。経済的にも、人脈的にも絶大な権限を得ることができるのである。

これを実践的におこなった女性が、紫式部の娘賢子《けんし》である。賢子というとピンとこない

人でも、

有馬山《ありまやま》　猪名《いな》の笹原《ささはら》　かぜ吹けば　いでそよ人を　忘れやはする

の小倉百人一首の大弐三位《だいにのさんみ》といえば思い出される方も多いであろう。彰子の息子、後朱雀《ごすざく》天皇の東宮時代の妃であった嬉子が産んだ親仁親王の乳母である。嬉子が十九歳で親仁親王を出産した二日後に死亡することは、すでにみたとおりである。賢子は、親仁親王が、後冷泉天皇として即位すると、典侍になり、三位に叙され、藤三位《とうさんみ》といわれた。夫高階成章《なりあき》は、「欲の大弐」と呼ばれた富裕な受領層で、二人の間に為家《ためいえ》が生まれている。賢子四十歳くらいのときである。夫が大宰大弐になったのも、当然賢子の存在が大きかったからにちがいない。子どもの為家もまた、天皇の乳母子《めのとご》として、乳兄弟《ちきょうだい》になり、母の乳母の後見もあり、出世していく。なお、夫は六十九歳で亡くなるが、賢子はその後、二十五年近く長生きし、八十二歳前後で亡くなる。母にも負けないくらい、たいへん充実した一生だった。

親王には四人の乳母が付けられる規定だったが、平安中期になると、もっと多くなり、彰子の産んだ後一条天皇の場合は、道綱の娘豊子《ほうし》、藤原惟憲《これのり》の妻大江美子《おおえのびし》など、七人ほど明らかにされている。賢子のように、天皇の乳母になり、受領の夫を引きたて、乳母子の息子たちを後見した女性たちは、多かった。

父母が子どもに対して親権を発揮するようになり始めていたから、父のいないときは、母が父の代行をして強い権限を発揮した。育ての母である乳母は、同じように強い権限をもった。賢子の場合は、親王の実母が亡くなっていたから、とうぜん、親王から強い信頼を得ていたはずである。父母の権限が次第に強くなる時期だったから、もう一人の「母」である乳母も力をもつことになったのである。

実母による子育て

もっとも、だからといって、実母が子育てに介入しなかったわけではない。僧侶にした二人の息子がともに高僧になり、充足した生活を送っていた晩年、八十二歳のとき、最愛の息子成尋《じょうじん》に、中国の宋に渡ることを告げられ、その苦悩と自身の一生を振り返った実母の記録には、若き日の子育てを記した部分がある。『成尋阿闍梨母集《じょうじんあじゃりはははのしゅう》』であるが、作者は、醍醐天皇の孫で権大納言まで昇った源俊賢《としたか》の娘だから、上層貴族層に属する女性である。

「産後の疲れもみせず、人に世話を頼むだけではなく、自分も世話をしていたところ、赤ん坊は母が抱くと泣きやむので、自分の膝の上に寝かせ、高坏《たかつき》を燈台にして膝の前にともして、襖《ふすま》に背中をよりかけて寝たこともあった。百日ころまで育て、乳母に預けたのは、寝返りができるようになってからである」と記されている。授乳をしていたかどうかは不明である。しかし、百日以降は乳母に「預けた」とあるから、最後まで、主として実母が育てたわけではない。ことさら記すのは、当時の貴族女性としてはめずらしかったからであろう。ただし、子どもが愛情を自覚するのはもう少しして物心がついてからであり、そのときには乳母の方がより多くかかわることになる。

母と乳母との共同養育は、雑用だけでなく、教育など他の部分も共有していた。庶民レベルでは、下級武士の家で、母が子に授乳している絵があるから、授乳、子育てともに、実母の仕事だったことがわかる。

女子の教育

村上天皇に寵愛された宣耀殿《せんようでん》の女御芳子《ほうし》に、その父小一条左大臣師尹《もろまさ》が語ったという、一には御手《おて》を習ひ給へ。つぎには琴《きん》の御ことを、いかで人に弾きまさらむとおぼせ。さて古今二十巻みなうかべさせたまはむを、御学問にはせさせたまへ。

（『枕草子』）

この記事にあるように、当時の女性が学ぶべき教養としては、書写と管弦、和歌が、まずは必修科目だった。ただし、これは男子とて同じである。そのうえで、男子の必修科目に漢籍《かんせき》が入るのに対し、女子には入らなかった。しかし、女子の漢籍学習は、けっして否定されていたわけではない。一条天皇の皇后定子の母、高階貴子《きし》は、女性の漢才第一人者だった。

女なれど、真字《まな》などいとよく書きければ、内侍になさせたまひて高内侍《こうのないし》とぞいひける。

と、『栄花物語』巻三にはある。ところが、これが院政期に成立した『大鏡』には、女のあまりに才《ざえ》かしこきは、ものあしき。

と、高階貴子批判になっていく。すなわち、十一世紀前期までは、たしかに、「女なれど」という言葉が示すように、女に真名《まな》、すなわち漢籍はさほど必要ではないという人々の考えがすでにあったことは間違いない。しかし、けっして全否定だったわけではない。

紫式部は、父藤原為時《ためとき》の語った言葉をその日記に、書き留めている。

残念だなあ。男児だったら良かったのになあ。

これは、弟惟規《のぶのり》が漢籍の素読をしている間、傍《かたわ》らで聞いていた紫式部の方が覚えがいいための、父親の嘆息であった。「おまえが男だったらよかったのになあ」、このため息は、以後千年近くの間、多くの父親たちの口から発せられた言葉だったにちがいない。女と男のジェンダーを見事に反映した台詞《せりふ》である。

そしてまた、紫式部が、兄弟と一緒に漢籍を学んでいたことも、わかる。『枕草子』には、「中宮定子の問いかけに、清少納言がさっと御簾《みす》を巻き上げたとき、中宮も居合わせた女房たちも、その機知に富んだ行為にたいへん感心した」という香炉峰《こうろほう》の逸話が記されているが、清少納言のみならず、中宮も女房たちも、「香炉峰の雪は簾《すだれ》をかかげてみる」という白楽天《はくらくてん》の詩句を熟知していたことになる。女性たちも漢籍を学びとっていたのである。家での教育で学んだのであろう。ところが、院政期になると、それさえ否定されていくのである。

乳母から学んだ女子教育で、もっとも子どもたちを引きつけたのは、物語類である。当時の物語は、怪異《かいい》物・恋愛物・継母《ままはは》物が主流であり、それは現代の少女向けの雑誌と同じで、女のための物語が、女房たちによって創作され、少女たちに向けられ、音読されたという。『更級日記』には、乳母によって音読された物語類に憧れ、草深い上総で都の物語世界への憧憬《どうけい》をつのらせ、帰京すると、さっそく入手した『源氏物語』に没頭することで、物語の男女世界を追体験したことが、克明《こくめい》に描かれている。物語を通して、男女の機《き》微《び》や、社会を学びとったのであった。

第四章 働く女たち

1　都市の女たち

農業に励む女たち

京都の町の中にも田や畑があり、もっとも大切な食料生産に励んでいた。そこには、印象的な女たちの姿がある。一〇二三（治安三）年の五月ころ、道長は、土御門殿に渡っていた太皇太后彰子に、田植えをみせようと思いついた。道長家の御厩《みまや》のまぐさをつくっている田が隣にあったので、それをみせようというのである。土御門殿の東の築地を崩して、そこから彰子や倫子、大勢の女房たちにも披露された。田植えショーである。

白装束で、歯ぐろめして、赤い紅を付けた若い五、六十人の女性が、並んで苗を植えていく。異様な格好をした田主《たあるじ》と、賤《いや》しい古びた衣装を着、白い化粧をまだらに塗った女が、共に破れ笠をもち、足駄《あしだ》を履《は》いている。腰鼓《こしつづみ》・笛・ささらなどを鳴らし、舞をしつつ得意そうに歩いていく十人の男たちがおり、その後、食べ物が運ばれてくる。

（『栄花物語』巻十九）

道長は、御厩の責任者に、「ありのままの姿をみせろ」と命じていたとあるから、この田植えは当時の都近辺での様子を示すものと思われる。

土御門殿は、左京の北の端、一条四坊にあり、東が東京極大路《ひがしきょうごくおおじ》だったから、その東は田《たん》圃《ぼ》が広がる田園であった。もっとも、一〇二三年ころには、法成寺が造営されており、『栄花物語』の描く田園風景は史実ではなかった。

この五、六十人の若い女性たちは、周辺に住み、田主に雇われて田植えをしていたものであろう。田主ともう一人の女が、同じようないでたちでいたとあるから、田主とその妻とのペアで御厩の田を請け負っていたのではないかと思われる。もっとも、公に請け負うのは男性の主であるが、女たちを統括して田植えの直接の指揮をするのは、妻の方である。家主が対社会的地位を、家妻は実際的な管理運営をしていた。田植えは女たちの労働であったから、家妻が指揮をすることは自然である。

御厩の田は大集団での田植えであったが、もう少し小さな単位でもおこなわれた。

我がせこが　くばるひき苗　おきながら　白きや田子《たご》の　裳裾《もすそ》なるらむ　（『相模集《さがみしゅう》』）

脩子《しゅうし》内親王などの女房だった相模の歌である。農夫が分け配る、苗代《なわしろ》田から引いてきたひき苗を、妻たちが田に植えていく情景が詠まれている。

清少納言が都の郊外に出かけたとき、田植えをする女性たちをみた、という記事が『枕草子』にもあるから、女房たちもしばしば目にしたにちがいない。苗代をつくり、苗を取り妻に配る夫、それを妻や女たちが植えていく。庶民の家単位の田植えだった。

脱穀《だっこく》も女たちの仕事である。五月のある雨の日、清少納言たちがほととぎすの声を聞きに郊外に出かけた途中、立ち寄った高階明順《あきのぶ》の山荘で、脱穀作業を目にして、それを記している。当時は、稲のまま保管しておいたのであろう。七、八人ほどで、労働歌を歌いながら、まず稲を扱《こ》き、籾《もみ》だけにして、「くるべき」、すなわち籾すり臼《うす》で引いて、籾殻《もみがら》を取り、玄米《げんまい》にする。清少納言は、「稲も臼もみたこともない」と記しているが、都の貴族たちはせいぜい玄米か白米をみるだけだったのであろう。この時期、貴族女性たちは、農業労働からはまったく離れていた。自分たちの食する米の生産過程さえ知らない存在だったのである。この山荘周辺には、明順の荘園があり、そのために稲が保管されていたと思われる。

ほかにも、和歌や物語には、菜を摘み、桑を取り、麻を引き、畠をつくり、稲刈りをする女たちの情景が詠まれ、絵に描かれているから、京都周辺の女たちが農業労働に勤《いそ》しんでいたことがうかがえる。

商いする女たち

平安京が造られたとき、七条に、国家が管理する生活物資の交換の場としての、東市《ひがしいち》と西市《にしいち》が設けられた。はじめは、月の前半に開かれる東市と、後半に開かれる西市とは、売る品目も違い、時間も正午から日没前までの規定だった。しかし、平安中期ころになると、国家の管理や規制も緩まり、東市が繁栄し、多くの庶民たちが住むようになり、売り買いも活発になった。市で働く女性たちも多かった。

市で商いをする女性で筆頭にあげられるのは、『源氏物語』より少し古い『宇津保《うつほ》物語』

の「藤原君《ふじわらのきみ》」に登場する市女《いちめ》である。もっとも、主人公ではないが……。
三春《みはる》という姓を下賜《かし》され、臣下《しんか》に下っていた皇子三春高基《たかもと》は、どけちだった。政治的手腕があったので大臣にまで昇ったのだが、なにしろけちで使用人も食事をさせなければならないし、金もかかるので雇わない。しかし、歳もとったので妻が欲しくなった。

やもめにて、えあるまじ。我、物食はざらむ女得む

と思って、

絹座《きぬぐら》にある、徳町《とくまち》といふ、市女の富めるあり、それを召し取りて、北の方にし給ふ。

ところが、夫の三春高基、聞きしにまさるけちぶりには、妻の徳町も驚く。夫が病気になったので祓《はら》えをしてもらおうと提案すると、

祓をしてもらうと、打撒《うちまき》に米が要るではないか。籾のまま種として播《ま》いたなら、多く

米が取れるではないか。また、修法をたのむと五石も費用がかかる。

と、拒否する。なかなか筋は通っているようであるが……。

徳町の堪忍袋《かんにんぶくろ》の緒が切れたのは、二人の間にできた、五歳の息子である。夫があまりにけちなので、徳町が、屋敷内にある蜜柑《みかん》をそっと取って食べた。それをみた息子は、父親に告げ口をする。

「『橘を取って食べた』と父にいってやろう」といったら、粟《あわ》・米を包んでくれて、いわないようにと口止めをしたよ。

母親には、「父親にいいつけるぞ」と脅し、粟・米を巻き上げておきながら、父親にもいいつけたのである。親も親なら、子も子である。徳町はついに匙《さじ》を投げる。

高き人と結婚したけれど、自分が売買し商《あきな》いするものを、自分で食べて着た方がよい。自分にあった夫をこそさがそう。

と、ついに逃げ出す。けちな貴族層より、自分のものは自分で稼ぐ同じ身分の夫の方がよい。じつに賢明な選択である。

この三春高基、じつはあて宮に懸想して、今度は四条あたりに豪邸を構え、多くの従者・女房・侍などを雇い、きらびやかに着飾って求婚にいくことになる。もちろん成功はしない。貴族層を揶揄《やゆ》したストーリーである。

高利貸しの女

徳町のような、市で商いをする市女は多かった。少し後の話ではあるが、平安末期から鎌倉初期に著わされた『病草紙《やまいぞうし》』には、肥満で身動きできない女が描かれている（第八章参照）。その詞書には、

七条あたりに借上《かしあげ》する女がいた。家は富んで、食がゆたかであるがために、身体が肥《こ》え、肉があまって、行歩も容易ではない。従女たちが、たすけて歩くといえども、汗を流して、あえいで、とても苦しみがつきぬものである。

主婦座に座る女、男が料理をしていた（『松崎天神絵巻』より。防府天満宮所蔵）

女性が商いをしている平安時代の店舗（村田泥牛による『扇面古写経』の模写より。神奈川大学日本常民文化研究所所蔵）

と、ある。「借上」とは高利貸しである。中世、女性の金融活動は活発であった。「肥満の女」はそれを揶揄しているのであろう。さきの徳町は、絹を売買する商いをし、裕福であった。このような女性たちが、高利貸しをするようになるのもすぐである。

七条あたりには、市女や商人、物をつくる庶民たちが住んでいた。光源氏が夕顔の家に泊まった朝には、隣の家々から、庶民の男の声が聞こえる。

あはれ、いと寒しや。今年こそなりはひにも頼む所少く、田舎の通《かよ》ひも思ひかけねば、いと心細けれ。北殿こそ、聞き給ふや。

（『源氏物語』夕顔）

男の商人は「田舎わたらひ」、すなわち遠隔地交易が多かったのであろう。夕方暗くなったら眠りにつき、ほの明るくなった暁には起きだし、働きはじめる庶民たち。鶏の鳴き声はしなくても、人々の話し合う声や、脱穀《だっこく》する石臼《いしうす》の音、絹を打つ砧《きぬた》の音など、庶民層の朝の賑わいが始まる。こんな光景は、天皇の子どもである光源氏には、初めての経験だった、という。

四千五百坪もある静かな屋敷内で暮らす、裕福な支配者階級には、庶民の喧騒《けんそう》など遮断《しゃだん》された世界だったのであろう。

『今昔物語集』には、蛇を小さく切って、干し魚として売り歩く販女《ひさぎめ》や、鮨鮎《すしあゆ》売りがでてくる。朝早く起き、夕方太陽が沈むまで、たくましく商いをし、物をつくり出す女性たちも多かった。

京都の風物詩・大原女

山に囲まれた京都周辺には、煮炊きや暖房に欠かせない薪《まき》や炭をつくり、売る人々も多かった。

大原や　炭焼き来たる妹《いも》をして　小野の山なる　なげきこらせじ。

（『相模集』）

大原では、里から炭焼きを手伝いにきている妻は、小野の山の炭焼き人のように、夫婦が逢えない嘆きをかさねるようなことはない、という。炭焼き小屋は山の中にあるので、里から妻が必要な物を届けにくる。夫婦単位で炭焼きがおこなわれていたのであろう。大原も、小野も炭焼きの名所だった。この炭は、妻や娘たちの女性が、売り歩く。

炭を売る婦人に今聞き取るに、家郷遙かに大原山に在り。

（『本朝無題詩《ほんちょうむだいし》』）

炭や薪を頭にのせて売り歩く大原女《おはらめ》は、京都の風物詩《ふうぶつし》となるが、この時代から、存在したのであった。夫や父が、炭を焼き、薪を取り、妻や娘が、それを売り歩く。家単位の分業がこのころできあがっていた。

2　内の女房・女官

内の女房たち

京都の中で、女性の働く場としていちばん多いのは、朝廷や貴族・豪族の家である。まずは、内裏の後宮で働く女性たちをみてみよう。

九九九（長保二）年、道長の側近として信任も厚く、書の名手でもあった藤原行成《ゆきなり》は、天皇の秘書官長ともいうべき蔵人頭《くろうどのとう》の役職にあった。七月二十一日、前日に天皇から、女房たちに絹を給うように勅命があったので、特別の下賜品として配っている。行成の日記『権記《ごんき》』には、「女房に支配す」として、等差《とうさ》をつけた分配が記されている。

まずは、六疋《ひき》を一条天皇の乳母三位《さんみ》に、五疋を他の四人の乳母、民部《みんぶ》・大輔《おおいのすけ》・衛門《えもん》・宮内《くない》に、四疋を掌侍《ないしのじょう》・命婦《みょうぶ》クラスの十九人に、三疋を女蔵人《にょくろうど》二人に、他に女史《じょし》の命婦に二疋、得選《とくせん》二人に二疋、上刀自《うえのとじ》一人に一疋を、それぞれ分配している。全部で三十人である。これが、内の女房クラスである。

「女房」とは、広い意味の女官のうち、地位の高い女官で、房、すなわち部屋をもらっている女性のことをいう。房の広さは身分によって違っていた。

「三位」「民部」「大輔」などが女房の呼び名である。自分の位や父や夫の官職にちなんだ名前がつけられる。この女房たちは、内侍司《ないしのつかさ》に属していた。八世紀の律令の規定では、内侍司には長官である尚侍《ないしのかみ》、次官の典侍《ないしのすけ》、三等官の掌侍がいたが、十世紀以降、律令規定は全面的に変化した。

まず、尚侍は、天皇のキサキの予備軍として摂関家の娘たちが就く役職になった。典侍は、前述のように天皇の乳母が任じられることが多く、後宮女性の統括者としての役割をもつようになる。先の「三位乳母」は、藤原繁子《はんし》で、典侍であった。掌侍が、実務を担当するようになっており、内侍《ないし》と呼ばれるようになる。

その下に、命婦・女蔵人がいたが、掌侍とほぼ同じ役割をし、天皇が出御するとき、御剣や御璽《ぎょじ》をもって従ったりした。女史は、殿上に仕える女房たちの上日《じょうにち》、すなわち勤務記録を担当した女性である。得選は、采女《うねめ》の中から選ばれ、天皇の朝夕の御膳をもってくる役割を果たした。上刀自は、下級女官たちの統括者としての老女のようである。

このとき、内の女房として天皇からの下賜品に預かった女房は三十人であったが、この人数には増減があり、とりわけ女史や得選は、もっと多かった。

典侍は最終的に三位の位をもらうことが多く、掌侍や命婦は、四位から五位に、女蔵人や女史、得選でも、勤務年限が長くなれば、四位から六位までの位が与えられていた。女蔵人や女史、得選のうち、ここで絹をもらったのは、女房層に入ることができた上位の女官たちかもしれない。

これが、当時の天皇に、正式に直接仕える女房層であった。「内の女房」とも呼ばれた。

彼女たちは日給簡《にっきゅうのふだ》という名札がつくられ、房から出勤し奉仕すると、それが記録された。タイムレコーダーである。ここがほかの女官たちと違う点である。

　内侍司の下には、所《ところ》などと呼ばれる各下部組織があり、女房たちと、狭義の女官がいた。この女官は、「にょうかん」と訓じ、公的に仕える女性たちの総称である女官と区別されていた。内侍所には、女史・闈司《みかどのつかさ》・理髪《かみあげ》・水取《もいとり》・御門守《みかどのかみ》・硯磨《すずりみがき》・内侍《ないし》・今良女《いままいりめ》たちの女官がいた。御匣殿《みくしげどの》には、天皇のキサキ的地位の別当《べっとう》のもとに、命婦・蔵人たちの女房や、女孺《にょじゅ》・刀自（ともに雑役に従事した下級女官）などの女官たちがいた。他にも多くの下部組織の中に、図（１２３ページ）のような名称の女房、女官たちが仕えていた。十世紀の初頭には、三百六十人ほどの規定だったが、組織も大きく変わっており、実際の人数は不明である。全部で三百人前後の女性たちが、天皇付きの公的な女房・女官として奉仕していたと思われる。

　それに加えて、上位の女房たちは、私的な侍女や女童《めのわらわ》、従者たちを使っていた。彼女たちも、主とともに宮中で生活したり、主の実家を往復していた。正式な女官たちと、私的な侍女や女童、従者たちは、衣装や髪型などが違ったのだと思われる。

中宮・皇后たちの女房・女官

九九九（長保一）年、彰子が、十二歳で一条天皇に入内したときには、選りすぐられた多くの女房たちが付き従った。『栄花物語』によると、女房四十人、女童六人・下仕六人を従えて入内している。これは、妹たちの姸子、威子、嬉子などの入内の場合も、ほぼ同じ人数だった。この女房たちは、四位・五位の中下級貴族の娘で、しかも清らかで、立ち居振る舞いに教養がにじみ出る、生いたちの立派な女性が選ばれた。お使いなどをする子どもである女童は、東三条院詮子などが差し上げた者だった、という。下仕は、もっと下の使い走りをする女性たちである。

四十人の女房には、内の女房たちと同じように、私的に仕える女房や女童・下女などがいた。もっとも、女房たち全員が、常に彰子の近辺にいたわけではない。親族の喪に服したとき、洗髪のために実家に帰ったとき、実家に置いてきて乳母や女房たちが育てている子どもたちが病気になったとき、あるいは地方国守として赴任する夫に同行したときなど、ときに応じて、主の彰子の許可を得て、下がっていた。また、『更級日記』の作者のように、あまり女房勤めになじめなくて、短い期間しか女房勤めをしなかった女性たちもいた。

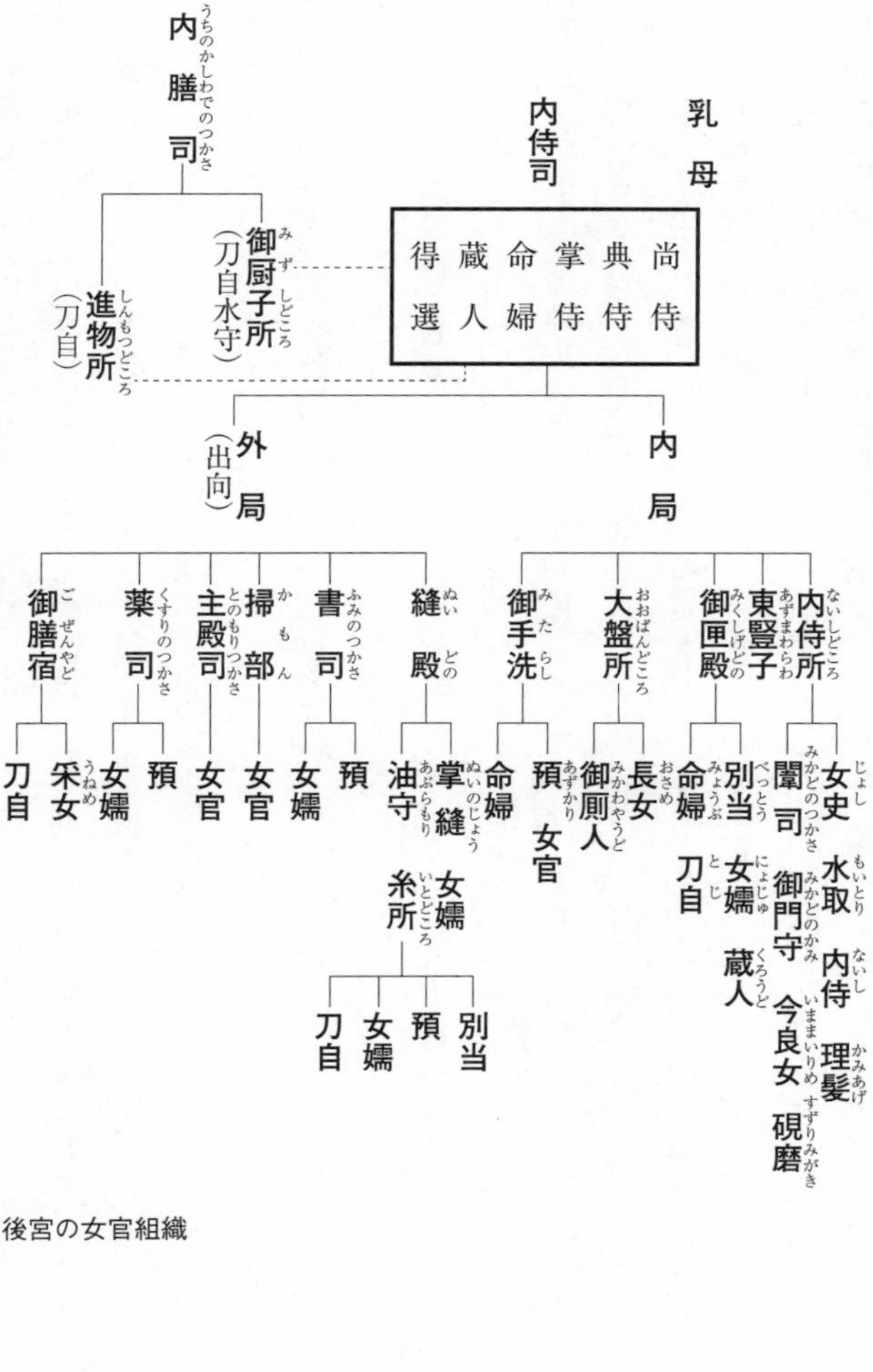
内膳司《うちのかしわでのつかさ》
御厨子所《みずしどころ》（刀自水守）
進物所《しんもつどころ》（刀自）
内侍司
乳母
尚侍
典侍
掌侍
命婦
蔵人
得選
外局（出向）
内局
内侍所《ないしどころ》
女史《じょし》
水取《もいとり》
内侍《ないし》
理髪《かみあげ》
闈司《みかどのつかさ》
御門守《みかどのかみ》
今良女《いまいりめ》
硯磨《すずりみがき》
東豎子《あずまわらわ》
御匣殿《みくしげどの》
別当《べっとう》
女孺《にょじゅ》
蔵人《くろうど》
命婦《みょうぶ》
刀自《とじ》
大盤所《おおばんどころ》
長女《おさめ》
御厠人《みかわやうど》
御手洗《みたらし》
預《あずかり》
女官
命婦
縫殿《ぬいどの》
掌縫《ぬいのじょう》
女孺
油守《あぶらもり》
糸所《いとどころ》
別当
預
女孺
刀自
書司《ふみのつかさ》
預
女孺
掃部《かもん》
女官
主殿司《とのもりつかさ》
女官
薬司《くすりのつかさ》
預
女孺
御膳宿《ごぜんやど》
采女《うねめ》
刀自

後宮の女官組織

さて、女御として入内したキサキが、正式な天皇の妻として中宮《ちゅうぐう》や皇后にたてられたときには、女御に付いていた女房たちから、中宮付きの公的な女官たちが選ばれる。まず、天皇の宣旨《せんじ》を伝えたり、上層貴族層との対応役をする宣旨が任命された。宣旨は、上皇、東宮、中宮、斎宮、斎院、摂関、大臣、親王などの家に置かれていた。さらに、中宮の衣装の世話をする御匣殿《みくしげどの》別当が新たに任命された。加えて、内侍が任じられた。この宣旨・御匣殿別当・内侍の三人を女房三役といい、重要な役割をする。彼女たちは中宮の親族が多かった。

円融《えんゆう》天皇の女御の頼忠《よりただ》娘遵子《じゅんし》が、九八二（天元五）年、立后され中宮になったときは、大納言源重信《しげのぶ》の妻で遵子の姉藤原詮子《せんし》が宣旨に、遵子の従兄弟参議藤原佐理《すけまさ》の妻淑子《しゅくし》が御匣殿別当に、信濃守藤原陳忠《のぶただ》の妻近子《きんし》が内侍になっている。さらに、侍従《じじゅう》・女蔵人などの役職が、中宮付きの女官の役職になる。また、中宮の乳母は、従五位下に叙される。彰子の場合は、源信子《しんし》と源芳子《ほうし》の二人に位が授けられている。この二人も中宮付きの公的女官になったのである。公的な女官になると、叙位されることも多い。

なお、女性の場合、詮子や近子など、名前がわかるのは、公的な女官になると、名前を付けて、朝廷や各役所に届ける必要があったからである。そのため、女性の名前が、日記や文書などにのこされており、わかるのである。また、摂関や大臣の正妻たちは、天皇から位をもらうことがあった。その際も、名前が付けられて朝廷に届けられ、叙位文書に記されることになる。たとえば、源雅信の正妻藤原穆子や、藤原道長の妻源倫子などは、女官として出仕したわけではなく、叙位されたので名前がのこっているのである。しかし、正式な女官でも、ふだんは召名《めしな》などで呼ばれるから、呼び名だけしかわからない場合の方が多い。

女房・女官たちの収入

では、彼女たちは、いかほどのサラリーをもらっていたのであろうか。八世紀の律令規定では、役職や位に応じて、封戸《ふこ》・位禄《いろく》などが支給される規定であった。しかし十世紀以降、後宮の組織が大きく変化し、男性の場合も下級官人はサラリーがほとんど無給になったこともあり、定期的な公的サラリーは望み薄になっていった。しかし、新しい形の収入が入っていた。女房や女官たちの収入をみてみよう。

まずは、前述の天皇からの下賜品である。さらに等第禄《とうだい》が支給された。九九九（長保一）年十一月九日の『権記』である。

（一条天皇が）仰せて云はく、「大宰進《たてまつ》る所の絹の内、百疋を女房の去年十二月以降、今年六月以前の等第に給へ」と。すなわち三位一人六疋、内侍以下御乳母命婦等、上等二人に各四疋、得選三人に各二疋を給はしむ。

等第とは、半年間の勤務日数が規定以上の者に与えられる禄である。計算すると二十八人分になる。先の七月二十一日条と比較すると、二人少ない。しかも、得選が一人増えている。何人かの得選のうち、女房層と同じように日給簡に付された女性が、ときによって増減するようである。また、半年間の勤務日数が規定に足りないので等第禄をもらえない女房もいたのであろう。さらに、特別な下賜品が配られたが、これも女房・女官たちの収入である。

当時、一定の官職と位階に就きたい人を推薦できる権限を個人に給付して、推薦した人から推薦料をとり、それを収入にすることがおこなわれていた。これを、年給《ねんきゅう》というが、典侍や掌侍までは、その恩恵にあずかる規定であった。ただし、典侍や掌侍の年給は最下位の規定だったから、すでに実行されていなかったのではないか、ともされている。

生活を支えた「臨時収入」

たしかに、以上のような公的規定の支給は滞りがちだったが、別の収入が多かった。まず、女御の入内、正式に中宮や皇后となってはじめての入内、親王誕生や三・五・七日等におこなわれるお祝いである産養《うぶやしない》への列席など、天皇のキサキたちにかかわる行事に参加したとき、膨大な禄が渡されている。このような臨時収入が、貴重な収入源だったと思われる。

女房たちへの禄を具体的に記している記事はさほどない。道長の日記『御堂関白記《みどうかんぱくき》』から、少し拾ってみよう。

一〇〇九（寛弘六）年十一月二十五日、中宮彰子の二番目の皇子敦良《あつなが》親王が誕生する。**二十九日**、五夜の産養の御膳などは、外祖父道長が用意した。参加した中宮の女房たちに禄の絹が渡される。また、天皇付きの女房たち二十人ほどがやってきたので縫い物に絹を加えた給物を与えた。

十二月二日は、父一条天皇が御七夜の祝いをおこなう。女官や采女たちに絹を渡した。

翌年の正月十五日、五十日の祝いが枇杷《びわ》内裏でおこなわれた。内の女方（房）にもご馳走が振る舞われた。女房には菓子を五十合に入れ、白い折櫃《おしき》には大籠物六棒を、二棒には綾の色物を入れ、色張三十疋、色々な張物《はりもの》や打物《うちもの》（砧で打ってつやを出した布）百疋を、二棒には生絹《すずしのきぬ》百疋を入れて渡した。

閏《うるう》二月六日、百日の祝いが枇杷内裏でおこなわれた。内の女房たちに祝膳をわたし、三位二人には、女装束、織物《おりもの》ならびに打掛《うちき》を加える。御乳母典侍には女装束、織物掛、典侍には綾打掛、掌侍には綾掛・袴《はかま》、命婦には白掛・一重袴、蔵人には掛一重、得選三人・番采女には絹二疋、長女《おさめ》（下働きをする女たちの長）、御刀自《とじ》等には絹一疋、以上の内容だった。

十一月二十七日、尚侍妍子が、東宮御所から退出した。女房が三、四人送ってきたので、絹を十疋以下五疋以上を与えた。

一〇一二（長和二）年二月十四日、妍子が三条天皇の中宮となり、その儀式が里第でおこなわれた。内の女房たちもやってきて奉仕したので禄を給わる。内の乳母の兵部《ひょうぶ》が妍子の理髪を奉仕したので、女装束に織物の綾掛等を加え、衣筺《きぬばこ》に入れる。絹を二十疋加える。乳母の典侍小宣旨《こせんじ》には、女装束、織物の掛・絹十疋を加える。掌侍の乳母子には、織物の掛・袴・絹七疋。命婦には、綾掛・袴、絹六疋。女蔵人には、綾掛・袴・絹四疋。采女・博士女史・女官には掛・袴、掛・絹二疋。全部で絹四百余疋、五百に及ぶ。

二月十六日、お祝いの三日目である。兵部の乳母は三日間理髪を奉仕して今夜帰った。それで、紫檀《したん》地の螺鈿《らでん》の薫炉に、銀の籠を加え、小筺に薫香を入れ、薄物につつみ、銀の五葉枝を付して給う。兵部に付き従ってきた四人（典侍の小宣旨・掌侍・命婦・蔵人）に白掛をおのおの一重給う。

女房層への禄は、必ずしも日記に記されておらず、全容は不明であるが、しかし、行事ごとに、じつに多くの物が与えられていることがうかがえる。とくに天皇の乳母である典侍は、内裏から出張して、行事に参加するキサキたちの髪を上げ、簪《かんざし》などを付ける、すなわち理髪の役割をすることが多かった。その場合、おびただしい数の最上の高級品が与えられたことがうかがえる。また、同行した女房だけでなく、出番で参加した采女や長女・刀自などの下級女官にも禄が渡されている。ただし、四位・五位出身の女房たちの方が、はるかに大量のものをもらっていた。

禄を要求する女たち

下級女官たちも、それぞれの役職に応じて、使いにいったり、行事に参加したりしたとき禄がもらえたようである。九八二（天元五）年五月五日の節供《せっく》に、円融天皇中宮遵子の里第四条宮に、糸所《いとどころ》から薬玉《くすだま》が進上された。それを持参したのは、女孺《にょじゅ》四人と下女四人だった。実資は、女孺に絹一疋ずつを、下女に布二端ずつの禄を与えた。内裏から遠路はるばる運んできたからである。ところが、女官たちは、

このような禄は、恒例です。荷を運んだ衛士《えじ》にも布を賜るべきです。

と主張する。しかし実資は、理由がない、とはねつけ、与えなかった（『小右記』）、とある。同じ仲間の分も要求するなど、なかなかたくましい女孺たちである。

産養、むまのはなむけなどのものの使に、禄取らせぬ。はかなき薬玉・卯槌《うづち》などもてありく者も、かならず取らすべし。思ひかけぬ事に得たるをば、いと興ありと思ひたる。けふはかならずさるべき使ぞと、心ときめきして来るにただなるはまことにすさ

まじ。

（『枕草子』）

お祝いの使いや、薬玉や卯槌などをもっていく使いにも、かならず禄を与えるのがいい。これは相当禄をもらえるにちがいない、と思っていったのに、なんにももらえなかったのは、がっかりして失望するから、という。

清少納言が、女房仕えをしているとき、使いに出された経験から記されたものではないだろうか。ましてや、使いに出てはじめて実入りのある下級女官である。同じ境遇の仲間を助けて、禄を要求するのは、当たり前かもしれない。

これらの禄が、彼らの実質的な収入になるので、切実だったのである。このように、女房・女官たちには、役職に応じて分担する職務のつど、公的、私的に与えられる禄が収入になったと思われる。今でも、日本以外の国では、ホテルやレストランなどチップが必要不可欠な国や地域が多い。外国旅行の際、「給料が安いので、チップが大切な収入なのですから、必ず渡してください」と添乗員《てんじょういん》さんから教えられたことがあるが、平安時代の内裏や貴族の邸宅で働く男女の収入も、これを参考にすると理解しやすいのではないだろうか。

3　家の女房・下仕・女童たち

貴族の家の女房たち

貴族層の家にも、多くの女たちが働いていた。もちろん、上層貴族と下層貴族とでは、働く女たちの人数も、階層も、役割も違っていた。上層貴族層では、働く女たちが、何人くらいいただろうか。『今昔物語集』巻第三十一に「大蔵の史生宗岡《ししょうむねおか》の高助《たかすけ》、娘を傅《かしず》ける事」という話が載っている。大蔵の史生は最下位の事務官だが、何で儲《もう》けたのか、なかなか裕福であった。西の京に八戸主《へぬし》、すなわち一千百坪ほどの屋敷に、唐門《からもん》屋をつくり、綾《あや》檜垣《ひがき》を巡らし、寝殿をつくった。そこに二人の娘を住まわせた。

女房二十人ばかりをつかったが、皆に裳《も》・唐衣《からぎぬ》を着せた。娘一人につき十人ずつである。童四人には常に汗衫《かざみ》（童女の宮廷内での正装）を着せた。この童も二人ずつ仕《つか》わせた。この女房・童は皆然《しか》るべき蔵人《くろうど》を経験した人の娘で、父も母も亡くなって、生活の便《びん》がなく、困っているのを、盗むようにして連れてきて、仕っていたので、一人もだめなものはいなかった。形・持成《もてなし》も、皆すばらしかった。下仕《しもづかえ》・半物《はしたもの》なども心に任せて、容貌や教養を選りすぐったので、誰一人としてひどいのはいなかった。女房の局には屏風《びょうぶ》・几帳《きちょう》・畳など、調度は、宮原の様子にも劣らなかった。いつも季節にしたがった衣などを着せていた。姫君たちの装束はもちろん綾織を特別に織らせ、専門の染師に染めさせたので、織綾の様子、その色目、手に移るばかり、みる者は皆目を輝かせた。食事する場合は、各々《おのおの》台一具に銀の器を調《ととの》えていた。

「宮原」、すなわち親王の家を真似ているというから、最上層貴族の女房たちの様子であろう。一人の娘に、女房十人、女童二人、下仕と半物が相当数いる。本来なら、史生程度の貴族にも入らない下級官人の家では、天皇の秘書官である蔵人の役職に就くことができる貴族層の娘など、ふつうではけっして女房に雇えないから、両親も亡くなって、落ちぶれている姫君を盗むように連れてきた、という。

ここでは、仕える女房たちの衣装も調度品も、主によって用意されたことが知られる。結局、宗岡高助は、娘たちの婿に最上層貴族を選ぼうとしている最中に亡くなってしまい、母も没する。財産は兄弟が全部奪ってしまい、ついに落ちぶれ、二人の娘も亡くなる、という話である。

女房・女童・下仕・半物の下には、もっと下級の下女たちがいたようである。

雑用を勤めた女童たち

女房は、小さいころから出仕することが多かった。七歳くらいから、成人式である裳着を迎える十五、六歳ころまでの間が童である。この間に、女童《めのわらわ》として、朝廷や貴族の邸宅のキサキや女房を主《あるじ》として、働くのである。母親が女房の場合、七歳くらいから同じ家に勤めることも多かった。

母娘で、同じ主、あるいは親族に仕えている女房たちは、けっこう多い。紫式部は、道長の娘彰子に仕えていたが、娘の賢子《けんし》は、彰子と妹嬉子に仕えており、その縁で、嬉子が出産した後朱雀天皇の第一皇子親仁《ちかひと》親王の乳母になる。のちに権勢と財力をもつのは先に述べたとおりである。

キサキや中宮、皇后などにも、各家の妻にも、また清少納言などの女房層のもとにも、手紙をもって使い走りをしたり、雑用を勤める女童が、かならずといっていいほどいた。彼女たちは、主から名前を付けてもらった。三条天皇の中宮妍子が産んだ禎子内親王の女童には、「をかしき・やさしき・ちひさき・をさなき・めでたき」などの名前が付けられていた(『栄花物語』巻十六)。このように女性には、女童が付けられるのがふつうだった。『堤中納言物語』の「虫めづる姫君」には、「けらを・ひきまろ・いなかたち・いなごまろ・あまひこ」などの虫好きの男童が付いていた。姫君に男童が仕えるのはやはり、逸脱《いつだつ》である。

「昔の后は、童を使わせ給うことなどなかったけれど、今の世は御好《おこのみ》にて、さまざまつかわせられる」と『栄花物語』巻八にある。女童は、使いや雑用などの仕事をするが、それに加えて、美しい童装束を身にまとわせ、華やかさを演出するための小道具的要素でもある。そのために、今ではキサキも女童を使い、美しく着飾らせて、サロンを華やかに彩らせる、とある。童のときから女の主に仕え、和歌を学び、衣装のデザインを目に焼き付け、成人した暁には、頼もしい女房になるのである。女房教育の一環であった。

女房たちの経済

家の女房たちも、内の中堅女房たちと同様、主からの給付物が、大きな収入だった。装束は、主から支給されることが多かったようである。さらに、女官たちと同じく、使い走りをしたり、人に口利きをしたりしたとき、いろいろな支給物をもらえる。また、主人からの「おろし」も貴重な収入だった。

日《ひ》ごろありて、御乳母の内蔵《くら》の命婦の許に、御衣《ぞ》のおろしなど、よろづあるべき事どもなど添へさせ給へり。

(『栄花物語』巻十)

これは、公任《きんとう》の娘と教通との結婚後のことである。男の子の乳母は、男の子が婿取られたとき、同行はしない。だから、公任から、教通の乳母に、今までの養育を謝し、御衣のおろしやいろいろな物を添えて与えた、とある。「おろし」とは、お下がりである。宴会があるときには、主人たちがのこしたご馳走が、「おろし」として従者・下人などに分配される。これらも大切な収入だった。

さらに、内の女房でも家の女房でも、パトロンからの贈り物も大きな収入の一つである。女房のパトロンは「得意《とくい》ども」と呼ばれていた。けっして正式な妻ではなく、召人のように長期的継続的でもない、愛人の相手の男性をいうのであろう。ある女御に仕える小中将という女房には、「定めたる男もなかりけるに、美濃守藤原隆経《たかつね》朝臣ぞ時々かよひける」（『今昔物語集』巻三十一の八）、という表現があるが、これなど、まさに「お得意ども」の関係である。『栄花物語』などの現代語訳では、「パトロンの情人」と訳されている。上級女房である乳母や典侍になると相当の収入があろうが、中堅クラス以下の女房では、パトロンをもたないと、行事ごとに新調される、きらびやかな女房装束（十二単）、絵を描いた扇、化粧品などを用意することはできなかったのであろう。主から支給される衣装だけを待っていたのでは、同僚の女房たちとの競争に勝てなかった。

主と女房の主従関係

『枕草子』には、清少納言が仕えた一条天皇の皇后定子の繁栄部分しか記されていないことが、つとに指摘されている。定子の父藤原道隆《みちたか》が、九九五（長徳一）年四月に亡くなると、一条天皇生母の姉詮子の後ろ楯を得て、道長に内覧《ないらん》宣旨が出され、しかも道隆の息子たち、伊周《これちか》や隆家《たかいえ》の軽はずみな行動（花山院襲撃事件のこと）で、定子の兄弟たち道隆一家は、坂道を転げ落ちるように没落していく。しかし、豪放磊落《ごうほうらいらく》で洒脱《しゃだつ》な父の性格と、漢才の賢い母の教育を受けた定子は、一条天皇の子どもを産み、賢明に一家を守っていく。

定子皇后が亡くなるまで仕えていた清少納言は、道隆没後の世間の非難の嵐や、そのなかで悩み多かったはずの定子の姿を、けっして筆にしていない。

このことについて、従来、さまざまな検討が加えられてきた。そのなかで、私のもっとも納得できた説が、岩佐美代子氏の著書『宮廷に生きる——天皇と女房と』(笠間書院、一九九七)であった。

岩佐氏はご自身も、昭和天皇の第一皇女、照宮成子《てるのみやしげこ》内親王のもとに、四歳からお相手にあがり、十数年間、公私にわたり仕えたそうである。その体験をも踏まえ、古代から中世にかけての女房文学の特質を考察されている。そのなかで、女房と主君の関係は、女房が主君に、人間として惚れ込み、主君も、周囲に破綻を来さない賢明な方法でこれに答える関係であり、その関係をつくることができた女房のみが、「自分の最も輝いていた日々をなつかしみ、その生をもう一度生き直す思いをこめて日記を書く」のである、とされている。

たしかに、主から給付される禄やおろしなどだけが目当てなら、裕福な主を捜せばいい。ところが主である姫君が落ちぶれても、乳母や女童、数人の女房たちは、最後まで付き従うことが多い。こんどは逆に、主の食料を確保するなど、経済的援助をするのである。物質的背景だけでははかり知れない、主と女房、侍女たちとの主従関係が、間違いなくあった。

それは、自分と主の身分関係を解消しよう、という発想など思いもよらない歴史を背景につくり上げられたこととはいえ、当時の主と従者の関係を理解するためには、たいへん重要な指摘である。また、女房たちがのこした文学作品から、天皇やキサキたちの性格や人柄を分析する際には注意を要する、という研究者や読者への警告でもある、と思われる。

4　妻の仕事

一夫多妻制社会における妻

朝廷や貴族・豪族層の邸宅では、女房や侍女、下女などが働いていた。それを統括するのが、家の妻であった。ここでは、家の切り盛りをする妻たちの仕事をみていきたい。当時の妻の役割を、たいへんリアルに描いているのは、中級文人貴族藤原明衡《あきひら》が著《あらわ》した『新《しん》猿楽記《さるがっき》』である。主人公右衛門尉《うえもんのじょう》には、三人の妻が設定されている。妻の役割を書いているのは、次妻であるが、まず本妻の描写をみてみよう。

第一の本妻《もとつめ》は、齢《よわい》すでに六十にして、紅顔漸《こうがんようや》く衰へたり。夫の年はわずかに五八に及びて、色を好むこと甚《はなは》だ盛なり。蓋《けだ》し弱冠《じゃっかん》にして公に奉《つかまつ》りし昔は、偏《ひとえ》に舅姑《しゅうとしゅうとめ》の勢《せい》徳《とく》に耽《ふけ》り、長成《ちょうせい》して私を顧《かえりみ》る今は、ただ年齢の懸隔《けんかく》なることを悔《く》ゆ。首の髪をみれば皤々《はは》として朝の霜のごとし。面の皺《しわ》に向へば畳々《じょうじょう》として暮《ゆうべ》の波のごとし。上下の歯は欠け落ちて飼猿《かいさる》の顔のごとし。左右の乳は下り垂《な》れて夏牛の閫《ふぐり》に似たり。気粧《けしょう》を致すといへども、あへて愛する人なし。あたかも極寒《しわす》の月夜のごとし。（中略）我が身の老衰《ろうすい》をば知らずして、常に夫の心の等閑《なおざり》なることを恨む。（中略）きつね坂の伊《い》賀専《がとうめ》が男祭《おまつり》には、鮑苦本《あわびくぼ》（女性性器の隠語）を叩いて舞ひ、稲荷山の阿古町《あこまち》が愛法《あいのり》には、鰹《かつお》はぜ（男性性器の隠語）をうせって（ころがすこと）喜ぶ。（中略）嫉妬《しっと》の瞼は毒蛇《どくじゃ》のしまけるがごとく、（中略）愁嘆《しゅうたん》の炎は肝中《かんちゅう》の朱を焦《こ》がす。（中略）ただし諸々《もろもろ》の過失ありと雖《いえど》も、すでに数子の母たり。これを如何《いかん》せん。

少し長いが、原文を書き下しにしたものである。じっくりと読んでほしい。妻は六十歳なのに、夫は五八《ごはち》、これは五十八歳ではない。五×《かける》八、すなわち四十歳のことである。若かったときは、妻の両親である舅姑の経済力に頼って出世したが、ちょうど熟年の今となっては、妻との年齢差が大きいことが悔やまれる。妻の描写は、よく読んでほしいが、当時の六十歳の女性の身体表現として、なかなか興味深い。首や顔はしわだらけ、歯はなくなっており猿のよう、左右の乳はたれ下がり、牛のふぐりが夏にたれ下がっているよう……。年取っているくせに、性欲だけは旺盛で、夫の愛を求めて性愛の祭という祭にいき、願い事をしてまわる。ところが夫の愛が他の妻の所にいったので、嫉妬は、毒蛇が頭をもたげ威嚇《いかく》するようにすごい。しかし、多くの子の母だから別れるわけにもいかない。

本妻といっても、同時並行的に二人以上の妻をもっているときの、第一夫人とでもいうところである。妻の両親が婿を取り、生活の援助をする「婿取婚」の様子があますところなくうかがえよう。夫が二番目三番目の妻の方にばかりいっているのなら、離婚して違う夫を求めればいいのに、と思うが、一夫多妻制社会では、妻たちにそのような選択はない。性欲を抑えて、母として生きていくことが求められ始めていたのである。

期待される妻像

さて、理想的な妻像として描かれているのは、次妻である。これも書き下し文で読んでほしい。

次の妻は、夫婦同年なり。西施《せいし》に勝れたるに非ずといへども、また指せる過失なし。心操《しんそう》調和にして水の器《うつわもの》に随ふがごとし。剛柔進退《ごうにゅうしんたい》にして、雲の風にたなびくがごとし。いはんや、裁縫・染張《そめはり》・経《へ》織《おり》・紡績《うみつむぎ》の道・吏《り》かん・興販《こうへん》・家治《けち》・能治《のうち》の条、褒めても猶し余りあり。朝夕の厨膳《つぜん》心に叶ひ、夏冬の装束時にしたがふ。烏帽子《えぼし》・狩衣《かりぎぬ》（中略）・馬鞍《うまくら》・弓・胡簶《やなぐい》・従者・眷属《けんぞく》、皆この女房の徳によれり。

夫婦同い年で、中国の美人の代表である西施ほどではないにしても、さして不美人でもない。水が常に水平になるように、雲が風に流されるように、自己主張はしない。夫に従う。加えて、裁縫から染色、織物、糸紡ぎ、上手な売買などの、家を治める能力はたいへんすぐれている。朝夕の食事は時宜にかなっており、烏帽子や狩衣などの夫の装束は、常に行事に対応したものを用意する。それのみならず、馬や鞍、弓などの武器など、さらに家に仕えている従者や眷属など、妻の対応のおかげで、たいへん結束がよく、いうことを聞いてくれる。

中級貴族層の家内の、具体的な統括がみごとに描写されている。裁縫や染色などの装束の世話については、第六章で詳しく述べることにしたいが、従者や眷属など、夫に従う使用人の統括も妻の役割である。

なお、ついでながら、右衛門尉の三番目の妻についても記しておこう。


第三の妻は、ある所の強縁《ごうえん》の同僚なり。年十八、容顔美麗《ようがんびれい》にして放逸豊顔《ほういつほうがん》なり。ひとりひとへに妖艶《ようえん》の道を立てて、いまだかつて世間の上を知らず。然りと雖も、沈倫《ちんりん》窮屈《きゅうくつ》の性を養ひて、世路喧囂《せろけんきょう》の思ひを罷《や》む。たとひ公に奉《つかまつ》り官をまもるの営みといへども、これを談ずる日は、すでに彼《か》を忘れ、たとひ仏に仕へ神に事《つかまつ》る務めといへども、これに交る時には更にこれを重むず。（中略）万人の嘲弄《ちょうろう》に於て頭を振《ふる》ひ、両妻の嫉妬《しっと》においては、耳を塞《ふさ》ぐ。長生不死《ちょうせいふし》の薬、遐齢延年《かれいえんねん》の方も、この若妻に過ぎたるはなし。

三番目の妻は、十八歳、夫より二十二歳も年下である。強い政治力の親戚をもっており、最高に妖艶で、性的能力抜群で、性交の時には、公的な仕事も仏事もすべて忘れ、没頭する。二人の妻の嫉妬もまったく気にしない。長生きの秘訣はこの若妻以上はない。

もちろん、『新猿楽記』の作者は男性である。裕福な家に婿入りしてその援助で出世し、しっかり家の管理をできる妻を儲《もう》け、さらに政治力のある親戚をもつ若い色っぽい妻をもつ。当時の中級貴族男たちの、あこがれが凝縮《ぎょうしゅく》されている。

しかしながら、こんなに男にとって都合のいい三人の妻をもてる人物などいなかったから、創作だったと思われる。妻たちは、そんなに黙って従う女ばかりではない。けっこう嫉妬し、嫌みをいう。だから、現実から逃避したい男たちのいっときの夢であった。

妻の財産管理

次妻の仕事のうち、「吏かん・興販・家治・能治」と表現されている部分は、『源氏物語』では光源氏の北の方、紫上と、その乳母である少納言の分担として描かれている。源氏が須磨《すま》に蟄居《ちっきょ》することになったとき、廷内の始末をするところには、「仕えている人々をはじめ、すべてのことを紫上に言い置いた」とある。そのなかには、光源氏が所有している荘園や牧、京都の中にある数々の土地の地券、すなわち登記簿、あるいは、光源氏がもっている財産がぎっしり詰まった倉庫群である御倉町《みくらまち》や、日用品を納める納殿《おさめどの》の鍵まで、紫上の乳母である少納言に渡し、親しい家司たちとともに、今後支配すべき事柄を託している。

すでに最初の正妻葵上は、夕霧を出産して亡くなっており、紫上こそが、結婚式の象徴である三日夜餅を共に食した、同居の正妻だった。正妻が、夫の従者や財産の管理をおこなっていたことがうかがえる。ただし、光源氏の財産と紫上の財産とは、あくまでも別だった。

光源氏付きの女房である中務《なかつかさ》や中将たちは、主の姿をみることで心をなぐさめていたのに、今後は何によってなぐさめようか、と思う。光源氏は、「命があって再びこの生活に戻ることもあろうから、それまで待っていようと思う者は、紫上の所に仕えなさい」といって、上下の者を皆召しだして、しかるべき形見を身分に応じて配る。夕霧の乳母たちや、花散里《はなちるさと》にも、風流なものはもちろん、実用的な物も配る。

光源氏は、女房や従者から下人まで、多くの召使いをつかっていた。それにさまざまな物をあたえ、留守の間は、紫上に従者たちのことをまかせている。

紫上の財産管理権は、物語上の架空の話ではない。当時の貴族層の家では、同居する北の方は、夫の補佐をする大切な役割を果たしていた。そのため、夫が亡くなった後は、夫の財産をすべて管理することも多い。

実資の孫で資房の舅の源経相《つねすけ》が亡くなったことは、前述したところである。源経相は、実入りのいい三河守在任中だったこともあり、相当の遺産をのこした。生前から、婿である資房は遺言をするよう再三申し入れたのに、「愚か者」の経相は、ついに遺言状を書かないまま亡くなった。かくして、のこされた息子や娘たちと後妻北の方との間で、遺産をめぐる熾烈《しれつ》な闘いが繰り広げられることになった。娘に遺産が分配されれば、当然、夫である自分も潤《うるお》う。十一世紀の半ばころは、上の階層の貴族でも、けっこう生活が逼迫《ひっぱく》していたので、家屋敷だけでなく、荘園や牧などの不動産や、米や絹などの動産も欲しかった。資房の日記には、恨みがほとばしっている。

この間の雑事、毎事かなはず。彼の北の方、万事を執行し、子息を放逐《ほうちく》する気色あり。これ年来の妻妾にあらず。今更に万事執行し、子孫を離別すること、もつとも哀悲すべき事なり。

（『春記』長暦三年十月九日条）

「年来の妻妾」ではない、つまり後妻であったが、北の方とあるから、正妻である。経相には三人の息子がおり、葬送にもやってきているが、北の方はいっさい関与させない。同居の資房の妻である経相の娘も、父の財産に関知できず、しかも、経相の蔵の鍵は、北の方がしっかりと握っているのである。

「後妻と、息子や娘たちの遺産争い」、なんだか現在でもあちこちにありそうな話であるが、当時は、鍵を握っている後家である北の方が、いちばん強かった。この遺産分配騒動は、当時の財産やその管理や相続のあり方を、あますところなく語ってくれる、きわめて興味深い事件である。詳細は、拙著『家成立史の研究――祖先祭祀・女・子ども』（校倉書房）をぜひ参照していただきたい。

前述したように、資房は、経相の屋敷に婿取られ、そこで十八年間同居していた。妻の父から生活物資の援助を受けていた。しかし、財産などの家計はまったく別だったのである。この時代の「婿取婚」が、後世の婿取りとまったく違うことがここでも知れよう。

第五章　切り盛りする女たち

1　財産相続の実態

女は容貌なり

同居している北の方が、夫の従者の統括も含めた財産管理をおこなうことをみた。それが妻の大切な仕事でもあった。では、女性独自の財産はなかったのだろうか。ここでは、女性の経済力を考えてみよう。まずは、父母などからの相続財産である。

女君達今三所《ところ》一つ腹におはするを、三の御方をば寝殿の御方と聞えて、又なうかしづききこえ給ふ。四、五の御方々もおはすれど、故女御と寝殿の御方とをのみぞ、いみじきものに思ひきこえ給ける。「女子はただ容貌《かたち》を思ふなり」と宣《のたま》はせけるは、四、五の御方いかにとぞ推《お》し量《はか》られける。

（『栄花物語』巻四）

これは、太政大臣藤原為光《ためみつ》が、邸宅を娘の一人だけに譲った場面である。三人の娘の母親は摂政伊尹《これまさ》の娘である。為光と伊尹はともに師輔《もろすけ》の息子であるから、叔父と姪の結婚だった。当時は、叔父と姪や、叔母と甥などの結婚は、かなり多い。為光は、三女に邸宅を譲った。それは、三女がたいへん美しかったからだという。「女子はただ容貌を思ふなり」とある。私なども経験者だが、同父母姉妹でも、一方は美人で、他方は不美人という例は多い。私の場合は、姉が父に似て私が母に似てしまった悲劇だったが……。

この三女は、系図類には、左大臣源雅信《まさのぶ》の室とある。雅信と同居の北の方は、藤原穆子《ぼくし》だったから、三女は、夫が通っていく妻の一人だったのであろう。雅信没後、内大臣伊周《これちか》が三女に忍び通っており、四の君に通う花山院《かざんいん》を三の君に通うものと勘違いし、九九六（長徳二）年、伊周の弟隆家《たかいえ》が花山院を射る事件が起こり、これによって道隆子息たちは没落していくのであるが、三女は寝殿に住み、四女は別棟である対《たい》の屋に住んでいたのであろう。

四女は、道長の妻倫子にたのまれ妍子の女房になるが、結局従兄弟である道長の妾の一人になる。五女は、源兼資《かねすけ》の妻だったが、兼資が亡くなると、妍子が産んだ禎子《ていし》内親王の女房になり、これも道長の妾になっている。太政大臣まで昇った人物の娘でも、父母が亡くなってしまうと、女房勤めをし、妾になる典型である。

ふつう、寝殿に住むのは邸宅の主だった。だから、三女は寝殿に住み、「寝殿の御方」と呼ばれたのである。この邸宅は一条殿と呼ばれていた。一条殿が、父亡きあとの三女の生活を支えることになるのは、次節で詳しく述べることにしたい。

家屋は先にも述べたように、娘や息子たちに譲られた。道長の場合は、最高の権勢家だったから、いくつも邸宅をもち、息子にも娘にも譲ることができた。しかし、為光の場合は、多くはなかったゆえに、娘に譲られたのであろう。ほかにも、為光の甥左大臣顕光《あきみつ》が、堀河第《ほりかわ》を娘に譲ったのに、娘が父の承諾を得ず再婚したこともあり、堀河第をめぐる争いが起きている。このような例はけっこう多い。

一人娘の財産相続

父親から一町四方、すなわち四千五百坪もの大邸宅や、荘園や牧などの財産のほとんどを譲られた女性もいる。藤原実資《さねすけ》の一人娘千古《ちふる》である。藤原実資は、二度正式な結婚をするが、二度とも妻に先立たれ、養父実頼《さねより》から譲られた小野宮《おののみや》第で生活し、家女房を権《ごん》の北の方にしていた。兼家と同じである。家女房が産んだのが、待望の女児千古だった。一〇一九（寛仁三）年十二月九日、実資は財産の処分状を書き、それを日記『小右記』に記している。漢文日記を読み下すと次のようになる。

小野宮並びに荘園・牧・厩《うまや》及び男女・財物・総じて家中の雑物繊芥《ちりあくた》も遺らず女子千古に充《あ》て給ひ了《お》はりぬ。文書に注し、預け給ひ了はりぬ。道俗子等一切口入すべからざる由、処分の文に注す。官文書・累代要書《るいだいようしょ》・御日記等に至りては追って相定むべし。女子若《も》し男子を産まば彼に与へんが為、暫《しばら》くは充て定めざるのみ。この荘等の外、一両処あり。内供《ないぐ》良円《りょうえん》並びに宰相《さいしょう》（養子資平）等均分すべし。ただし、尾張国浅野《あさの》荘は、宰相に充つべし。また山城国神足《こうたり》園・尾張□□部・近江上高岸《かみたかぎし》下荘・但馬黒河《くろかわの》園《その》等内供良円に充つべし。近江鶴見《つるみ》厩所の出だす榑《くれ》千柱は、三井寺の堂を造作の間彼の寺に充て、状に随ひ施入すべきなり、未だ一定せず。

当時実資は六十三歳、大納言右大将、正二位だった。千古は九歳である。大邸宅の小野宮第、ほとんどの荘園や牧、厩、実資に仕えている下人身分の者であろうと思われる男女、などなど、多くの財産が千古に譲られている。当時の官人にとって、きわめて大切な官文書や代々伝わってきた文書・日記などは千古の息子に与える、との部分は、女性には、このような書類が不必要なこと、すなわち、朝廷の政治とのかかわりがなかったことを示している。

実資は、実子ではあるが、宮に仕える女房が産んだ男子を、僧にしていた。良円である。最初に生まれた男子だったが、母親が宮仕人、すなわち女房層だったゆえに、僧侶にしたのである。そのうえで、兄の子どもを養子にして、自分の政治的地位の継承者にした。これが資平《すけひら》である。当時、三十三歳であった。当時は、母の出自も問題になる時代であり、また、政治的地位は一家親族が継いでもよいという考えものこっており、このような養子がおこなわれたのだと思われる。

実資は、養父実頼からたくさんの宝物や荘園をみな相続したと『大鏡』などには書かれているが、しかし、日記をみてみると、九州の高田牧《たかだのまき》を一ヵ所もらっただけで、あとは兄弟や甥たちに分配した、と記している。処分状にみえる牧は、この高田牧のことだと思われる。高田牧からは、馬や米・絹など、多くの物が実資のもとに届けられており、また、牧の預所《あずかりどころ》に命じて中国商人との交易をおこない、薬や書物を手に入れるためにも、実資にとっては貴重な牧だった。これを千古に譲ったのである。

もっとも、このあと千古は、九十歳の長寿を生きた実資より早く死亡しており、小野宮第は、千古の娘に譲られている。実資は、千古に、頼宗《よりむね》の息子兼頼《かねより》を婿取っていたが、千古が亡くなったので、兼頼は、当時の習慣として子どもは妻方において実家に帰っていた。ところが、孫の女児に全財産を委ねることになったので、兼頼は、またのことやってきて、小野宮第に住んでいる。資平の息子資房《すけふさ》は、日記に、「兼頼はなんともけしからん男である」と憤慨して記している。その日記が書かれたとき、実資は八十四歳だった。孫娘かわいさに、千古と同じように、全財産に近いものを譲ったのであろう。もっとも、資房の日記は、ぼやきが満ち満ちており、割り引いて読み取る必要もある。

容貌のよい女子に邸宅を与えるのも、息子たちをさしおき、一人娘にほとんどの財産を譲ることも、じつは同じ理由からであった。それは、娘、とりわけ美しい女性が、一家の政治的地位や家格を引き上げる媒介となっていたからである。まず、天皇のキサキとして入内することもできた。実資には、それも当然念頭にあったと思われる。また、権勢家の婿を迎え、縁戚関係をつくり、家格を上昇させることもできた。いずれにしても、身分の高い婿を迎えるためには、屋敷や財産が必要だった。息子は婿にいくのであり、さほど費用はかからない。しかも、当初は妻方が援助してくれるので、安心である。さらに、官職に就き、位階を得ることができれば、収入はあり、困窮することはなかった。娘に財産を譲るのは、一家繁栄の手段となる可能性のあることと、女性の収入の場が閉ざされていたからであり、けっして貴族女性の地位が、男性より高かったからではない。

一期相続のめばえ

夫の財産の場合、同居の妻が管理することをみた。処分状、すなわち遺言状をのこさないで亡くなってしまった道長の遺産の場合は、長男である頼通が、親族の男たちを集めて協議した結果、ほとんど正妻倫子のものになっている。正妻の遺産相続権を、親族が認めた例である。しかし、先にみた、遺産を独占した経相《つねすけ》の後妻の場合とは違う、新しい側面も出始めている。『栄花物語』巻三十には、道長の遺産の分配が記されている。御領・御庄は、四、五ヵ所は寺に寄進し、他は「上のおはしまさん限りはしろしめして、後は御堂に」と遺言されていたので、そのとおりにした。納殿《おさめどの》には、つやつや絹五、六千疋、例の絹万疋、綾・糸・綿、さまざまの唐綾、数知れずあった。それは、関白殿の方（隆姫）・

女院（彰子）・中宮（威子）・一品宮（禎子内親王）・高松殿の上（明子）・中納言殿の北の方（隆子）などに分け、のこりはすべて北の方倫子にさしあげた。このほかに、諸国から選り集めた馬が、息子や家司・従者たちに配られた、と続く。

実際には、いくつかの荘園が娘たちにも処分されたようであるが、ここでは、四、五ヵ所は法成寺に、のこりは倫子が生きている間は倫子が所有して、倫子が亡くなると法成寺に入れるように、との遺言があったことになっている。いずれにしても、倫子は生存中だけ所有することができる形だった。これを一期《いちご》相続《そうぞく》という。

官職や位階にもとづくサラリーが、国家から支給される規定も次第に守られなくなり、そのため荘園は、次第に貴族層の重要な財産になりつつあった。だから、荘園を女子に譲り、その女子が自分の子どもに譲ると、違う家の所有になってしまい、分散してしまうことになる。これが、懸念《けねん》され始めたのである。そのため、女子に譲った荘園は、死後、実家が回収するようになる。法成寺は、道長が建てた寺であり、道長子孫のうち、最も高い官職の地位に就いた男子が、長者となって管理していく。ゆえに、道長の子孫に収斂《しゅうれん》していくのである。一期処分は、鎌倉後期には、武士や領主層に広まっていくが、最初に歴史に登場するのは、摂関家だった。

ほぼ同じ時期なのに、実資は荘園も含めた全財産を女子に全部譲り、いっぽう、道長の荘園は、分散しないような処置がとられた。この時期は、財産相続についてはちょうど過渡期《かとき》だった、ということができる。十一世紀後半になると、貴族層では、女子に譲られる財産は、男子と比べて少なくなり、また、次第に一期相続がふえていく。

ただし、絹や糸・綿などの動産は、道長の場合も、妻や妾、娘、息子、女房たちまで、多くの周辺を彩った人々に分配されたようである。

富裕層の財産相続

貴族女性が、財産を相続する史料はけっこうある。しかし、貴族女性だけではなかった。平安京に住む土地をもつ層、すなわち、富裕な上層庶民層の場合も、女性が財産を相続することが多かった。平安時代の文書をほとんど網羅した『平安遺文《へいあんいぶん》』には、財産を処分する文書や、土地をめぐる裁判史料や、土地を売買する売券などが、多くのこされている。これらを総合的に分析してみると、実子は男女にかかわらず、父と母、それぞれの財産を相続する権限があり、しかも、男女が均分に近く相続していることがうかがえる。ただし、土地を買う女性の史料は、十世紀以降少なくなっていく。つまり、男女均分に近い相続ができても、新しい土地をふやしていくなどの経済活動をする女性は、少なくなっていくのである。

2 女たちの経済活動

家政機関の実態

結婚しても、夫と妻の財産は別だった。夫は、就任している官職を維持するためにも、財産を管理するためにも、大きな家政機関をもっていた。たとえば、たびたび登場願う藤原実資には、五位から四位のときには宅司《たくし》が、三位になると政所《まんどころ》が置かれた。政所にはわかっているだけで二十数人の家司や事務官がおり、家全般のことを指揮する。さらに、その下には、従者などの侍たちを統括する侍所《さむらいどころ》、馬の管理をする厩所《うまやどころ》、右大将には随身が付けられたので随身所《ずいじんどころ》、雑色たちの詰め所である雑色所《ぞうしきどころ》、進物を用意する進物所《しんもつどころ》、宴のときにご馳走を準備する膳所《かしわでどころ》、女房たちの詰め所でもある大盤所《たいばんどころ》、雑使の役をする小舎人のいる小舎人所《こどねりどころ》、小野宮第を修理する修理所《すりどころ》、米などを保管する別納所《べちのうどころ》、牛車の牛を扱う牛飼所《うしかいどころ》などが置かれていた。

これらの所には、男だけではなく女もいた。たとえば随身所には、下女が住み、働いていた。『小右記』から、ちょっと興味深いエピソードをご紹介しよう。

一〇一四（長和三）年正月二十七日、小野宮の東にも実資の土地があり、そこには随身所の下女が住んでいた。ここには井戸があり、近所に屋敷がある宰相中将兼隆《かねたか》の家の下女がやってきて、衣を洗っていた。下女どうし、話が弾んでいたまではよかったが、何かのきっかけで口論になってしまった。女どうしの口喧嘩である。ところが、そこに兼隆の随身や下人がやってきて、実資の下女の宅を壊し、中にあった財物を取っていってしまった。実資は五十八歳で、右大将・大納言、兼隆は参議・右権中将で、道兼《みちかね》の息子、道長の甥である。知らせを受けた実資は、家司を遣わして抗議する。すると、兼隆からは、「あの女は、我が領に住み、放言をしたそうで、雑人を遣わして宅を壊させ、追いたてさせました。今、承りますと、どうも私の領ではなかったようで、申し訳ございません。破損した物や失物については、おっしゃるとおりの物を弁済いたします」、と返事があった。

何回もやりとりがあったが、兼隆は、どうも知っていてやらせたような気配もする。実資の怒りは収まらない。ついに公に訴えることになった。道長なども憤り、結局、兼隆の従者四人が召し捕らえられている。

なお、この井戸かどうかはわからないが、実資の屋敷には、水量が豊富で名水として評判の井戸があり、下女らが多くやってきて水を汲んでいた。実資は美しい下女がくると招き寄せ性関係に及んだ、という、実資の好色をうかがわせる話が、『古事談《こじだん》』に載っている。謹厳実直《きんげんじっちょく》かにみえる実資も、なかなかである。

実資は、多くの人々が仕える家政機関をもっており、そこには男たちだけではなく、女たちもいて、住宅が支給され、そこに住んでいた。どうみても二百人から三百人はいたことになる。ただし、全員が住み込みではなく、家司や従者・女房たちは、自分の家をもっており、通ってきていた。今でいえば、一つの会社である。社長は実資、副社長は北の方である。社長が留守や亡くなったときは、副社長が責任者になったのは、前にみたとおりである。もっとも実資は、二人の妻を亡くしてから正式な妻をもたず、権の北の方をもったのは前述した。副社長代行である。

女たちの家司

さて、では、財産を独自にもつ女性たちには、このような組織はなかったのだろうか。『源氏物語』紅葉賀には、次のような文がある。

手本書きて習はせなどしつつ、ただ外なりける御女《むすめ》を迎へ給へらむやうにぞ思したる。政所家司などをはじめ、殊《こと》に分かちて、心もとなからず仕うまつらせ給ふ。

紫上を連れてきて、養い始めたところである。まだ裳着《もぎ》を迎えていない姫君であるが、彼女のための政所・家司が置かれたことになる。

姫君の家司は、ほかにもみえる。のちに道長の次妻になる源明子《めいし》が、詮子に引き取られたとき、「女房・侍・家司・下人《しもびと》まで別にあつらえた」(『大鏡』)と、同じような記述がある。また、実資の愛娘千古にも、裳着の後に政所などが置かれており、上層貴族の女性の場合は、位階にかかわらず、政所と家司だけは置かれていたことがわかる。これは、結婚して妻になっても、そのまま維持された。源倫子にも政所が置かれていた。

鷹司《たかつかさ》（倫子）の御時、別に彼の政所より御庄々に下文を遣はすなり。御堂御坐といへども、別に政所を置き、家司下文のところなり。

（『殿暦』康和三年六月二十五日条）

倫子は自分の財産である荘園をもち、そこに下す文書は、倫子の政所の家司が出している。夫婦別財ゆえに、この時期、上層クラスでは、夫と妻の家政機関である政所と家司は、別だったことがわかる。

しかし、夫道長には、実資よりももっと多い家政機関の所があり、職員が大勢いるのに、妻倫子の場合は、政所と家司、女房、女童、下女くらいであり、けっして夫と対等ではない。しかも、この政所と家司は十一世紀後期になると、臣下では、摂関家の北政所《きたのまんどころ》にだけ許されるようになり、摂関の妻を「北政所」と呼ぶようになっていく。このことについては、拙著『平安朝の家と女性』（平凡社選書）を、ぜひ参照してほしい。

夫に支えられる妻たち

しかし、財産をもち、政所や家司をもつことのできる女性は、ごく一部の女性たちだった。彼女たちも、有力な後見人である夫や親族がいないと、政所は維持できない。ただし、財産がなくても、両親が亡くなっても、結婚して夫のいる女性は、さほど生活に困らなかった。夫と同居であればなおさらのこと、別居でも夫からの生活の援助を受けていたからである。『蜻蛉日記』には、夫兼家が、お正月のための品物やお盆の供え物などを送ってきたこと、あるいは、兼家の訪れが間遠になると、庭が荒れてしまったことなどが記されている。結局、兼家が訪れなくなったので、道綱母は父親の家に引き取られていく。離婚の境目がはっきりしない当時、夫からの援助を受ける妻は、夫の意志に翻弄《ほんろう》されていたのである。道綱母には受領の父がいたが、生活を支えてくれる両親がいない場合、女房勤めに出ることになる。

家を売る女性

しかし、両親が亡くなっても、財産をもっていた場合、それを売却するなどして、生活をすることができた。典型的なのは、前述した太政大臣為光の三女、「寝殿の御方」である。九九二（正暦三）年六月、為光は五十一歳で亡くなる。その四年後、例の花山院襲撃事件が起こる。その二年後、九九八（長徳四）年十月、三女が住んでいた一条殿に東三条院詮子が移っている。

家主の姫君沽却《こきゃく》（売却）により、朝臣買い進むところなり。直は八千石と云々。

（『権記』）

家主の姫君とは、為光三女のことである。結局、「寝殿の御方」は、父が亡くなってから六年ほどしか屋敷を維持できなかった。『栄花物語』巻四には、「為光の生前、たいそうすばらしい威勢で造った邸宅だったけれど、為光が亡くなると住みにくく、次第に荒廃していくのも気の毒である」とある。大臣クラスになると、大臣大饗《たいきょう》から始まって、さまざまな年中行事があったから、邸宅内に「晴れ」の空間が必要であり、大邸宅が建てられた。ところが、キサキでもない女だけが住むための住居としては、逆に広いばかりで、庭の維持など莫大な経費がかかり、住みにくくなる。

結局、売却された。買ったのは佐伯公行《さえきのきんゆき》、亡くなった藤原道隆の妻高階貴子の妹、高階光子の夫である。遠江守や信濃守を歴任し、蓄えた富で一条殿を買いあげ、東三条院に進上したのである。八千石とは相当な値段だが、こうして寄進しておけば、また実入りのよい国の国守になることができ、もとはすぐ取り戻せる、というものである。たしかに、このあと、公行は伊予守になっている。公行は、のちには、彰子が産んだ敦成親王呪詛《じゅそ》事件に連座するが、東三条院詮子とは折り合いがよかったようである。一〇〇一（長保三）年、東三条院は亡くなる。呪詛事件はその八年後のことであった。

米八千石は、今の容積にして三千二百石だから、一キロ四百円として計算すると、ざっと一億九千二百万円ほどになる。これだけあれば、侍女や下人たちの食料などを考えても、どうにか暮らしていけそうである。

ところが『今昔物語集』をみていると、両親が亡くなり、兄弟にも見放され、女房や従者もいなくなり、荒れ果てた寝殿の片隅で、年老いた乳母や二、三の女房に傅《かしず》かれているお姫様がよく登場する。家屋敷を売ればいいのに、と思ってしまうが、しかし、当時は不動産屋などないから、賢い乳母や女房、あるいはその縁戚などがいないと、買い手が探せない。もっとも、賢い家妻は、『新猿楽記』の次妻のように売買などの家治能力があったから、自身で知り合いに消息などを送り、不動産の買い手をみつけることができ、けっこう凌げたのかもしれない。

調度品を売る女性

女性が家屋敷を売却している史料はかなりある。また、調度品などを売却している史料もある。『今昔物語集』巻二十四にはこんな話が載っている。

今は昔、大江定基《さだもと》が、三河守だったとき、凶作による飢饉で、食べる物がなくなったころだった。五月の長雨のころ、女が鏡を売りに定基の屋敷にやってきた。手に取ってみると、五寸ばかりの、漆塗りの上に金銀粉を流した蒔絵《まきえ》の箱を、上質の陸奥紙にお香を焚き込め包んでいた。開けてみると鏡の箱の内に、薄い紙を引き破り、趣ある筆跡で、和歌が書かれてあった。

今日までと　見るに涙の　増す鏡　なれぬるかげを　人に語るな

定基は、道心《どうしん》を発《おこ》した比《ころ》だったので、この和歌をみて、たいへん感動し、涙をながして、鏡は売る人に返して、米十石を車に積み女に副《そ》えて帰した。その際、返歌を鏡の箱に入れた。その車に副えてつかわした雑色は、五条油小路辺の荒れた檜皮屋《ひわだや》の内に米を下ろしてきた、といった。

誰が家とはいわないことにする。

檜皮葺《ひわだぶき》の家屋は、五位以上にしか許可されていなかったから、侍女に鏡を売りに歩かせた家主は、もとは貴族層の娘か妻だった。大飢饉《だいききん》の年だったというから、夫や父がいなくなった家の女主には、家内で働く侍女たちの分も含めると、食料確保はたいへんだったのであろう。しかしながら、大切な鏡を売り食料を確保する、という智恵は、家を支える女性として必要であった。

女主は侍女に鏡をもたせ、買ってくれそうな家を教える。さらに、鏡をどのような食料あるいは布、どれくらいと交換するのかも、女主がきちんと指示をしたはずである。金銀の蒔絵の箱、風流な和歌、どれも、貴族のしっかりした女性の姿が浮かびあがる。

第六章　文化を創る女たち

1　書き・描く女たち

女の手書き

平安時代の中ころ、のちに三蹟《さんせき》と呼ばれる「手書き《てかき》」がいた。一人は、本書でもよく取りあげる日記『権記』の著者、藤原行成《ゆきなり》。もう一人は、この行成が信奉しており、夢枕にたって伝授してくれたと日記に記す小野道風《おののとうふう》。あとの一人が、藤原佐理《すけまさ》である。佐理の書跡は、個性的で癖の多い、特異な流儀だそうで、ほかの二人の書風ほどは流行しなかった、といわれる。加えて、行成が実務官人にふさわしい謹言実直、奉仕型のタイプだったのに、佐理は善良な人ではあったが、賢明でなかったらしい人物像も災いしたようである。『大鏡』には、そんなエピソードがのこっている。

関白藤原道隆《みちたか》が、東三条院を造営したとき、歌絵を描いた障子《しょうじ》に色紙形を書かせたが、朝早く出かけて静かなときに書けばよいものを、日が高くなって、しかるべき人々が参集したあと、佐理がやっとのこのこやってきて書いた。たしかに、みごとに書いたのではあったが、興ざめであった。こんな不始末が多く、

御心ばへぞ、懈怠者《けだいしゃ》、少しは如泥人《じょでいじん》とも聞えつべくおはせし。

と書かれている。「如泥人」とは、だらしのない人、という意味である。

結局、後継者が出なかったといわれるが、ただ一人だけ、貴重な後継者がいた。娘である。

一〇五六（天喜四）年四月三十日、後冷泉天皇の皇后、藤原寛子《かんし》主催の歌合《うたあわせ》が、四条宮でおこなわれた。歌合のときには、歌われた歌の内容を絵に描き、その上に歌を書いて出すことが多い。この様子を『栄花物語』巻三十六には、

経任《つねとう》の中納言権大夫の母北の方書き給へり。九十余の人、さばかり塗《ぬ》りかためたる絵に、つゆ墨《すみ》がれせず書きかため給へる、あさましうめでたし。

とある。右方の歌の清書をしたのは、中納言で皇后宮権大夫の経任の母親であり、しかも九十余歳だった。老齢にもかかわらず、塗り固めた絵の上に、墨がれすることなく、いっきに書いたのは、なんともすばらしかった、という。

これは、他の史料からも確かめられる史実であり、経任の母こそ、佐理の娘である。最初、父親の従兄弟で、小野宮一族、藤原懐平《かねひら》と結婚する。

その大弐の御女、いとこの懐平の右衛門督の北の方にておはせし、経任の君の母よ。大弐におとらず、女手かきにておはすめり。

（『大鏡』）

懐平は、父佐理の九歳年下であった。長男経通や、実資の養子となる資平などを産んだ妻を亡くし、再婚したのがこの女性である。経任が生まれたのは、一〇〇〇（長保二）年、懐平は四十八歳だった。佐理の娘は三十歳前後で経任を産んだようである。『大鏡』にも、父におとらない「女手かき」と記されている。

貴族社会にとどろく名声

この佐理の娘、経任母は、他にもいくつかの史料に出てくる。たとえば、一〇一三（長和二）年、三条天皇中宮妍子が懐妊し、斉信《ただのぶ》の邸宅に一時滞在していたとき、斉信が妍子に贈った物の中にも名前が出てくる。

村上の御時の日記を、大きい冊子四つに絵をかかせて、ことばは佐理の兵部卿の娘の君と、延幹《えんかん》君とにかかせて、うるわしい箱一よろいに入れて、しかるべき御手本などといっしょに妍子に奉ったので、妍子は、どんな物よりすばらしいとたいへん嬉しがった。

（『栄花物語』巻十一）

「村上の御時の日記」とは、村上天皇の時代のことを年中行事ふうに書いたものである。そこに、当時の能書家として有名だった僧延幹といっしょに、佐理の娘が頼まれている。しかも妍子が、なにものにも勝《まさ》って喜んだ、という。

佐理の娘は、四十代の後半くらいであろうか。すでに、能書家として貴族社会に名前が通っていたことがうかがえよう。もっとも、経任は、佐理の姉妹が産んだ斉信の養子となっており、斉信と佐理の娘は「いとこ」どうしである。そのために気安く頼めたのであろう。いずれにしても、佐理の娘が能書家として著名であったことにかわりはない。
また、一〇三三（長元六）年十一月二十八日、倫子七十歳の御賀《おんが》歌屛風も書いている。

まことや、御賀《おんが》の歌は、輔親《すけちか》・赤染《あかぞめ》・出羽《でわ》、経任の頭の弁の母にてものし給ふ佐理の大弐の女ぞ書き給ける。

（『栄花物語』巻三十二）

このころは、七十歳前後であろうか。大中臣輔親、赤染衛門、出羽弁の三人は、すぐれた歌人だった。書は、佐理の娘が第一人者であったことがうかがえる。
佐理の娘が、女房勤めをした史料はない。上層貴族、公卿層の娘として育ち、結婚し、家妻として生活していた。しかし、文人貴族に生まれた紫式部が、父親から漢籍を教えられたように、能書家の佐理は、娘に書を教えたのであろう。その書が、貴族社会では評判になり、さまざまな人々から依頼を受け、九十余歳になっても、トップレベルとして名前が通っており、しかも、しっかりと役割を果たしていたのである。

御手の伝授

当時の女性の教養の筆頭は、書であった。

一には御手《おて》を習ひ給へ。つぎには琴《きん》の御ことを、いかで人に弾きまさらむとおぼせ。さて古今二十巻みなうかべさせたまはむを、御学問にはせさせたまへ。

（『枕草子』）

これは、前述したが、のちに村上天皇の女御になる娘芳子が子どものころ、父親の左大臣師尹《もろまさ》が娘に語った、という箇所である。まず御手を習うこと、すなわち、書である。和歌を書くにも、手紙を出すにも、まず字が上手でなくてはならなかった。次に、琴、音楽である。三番目には、『古今和歌集』二十巻、約一千一百首を全部暗記すること。和歌は、有名な歌を下敷きに、新しい歌をつくったり、暗にそれを思い出させるような場合もある。だから、全部覚えておかなければならない。

この書は、女たちにとって、ふつう、女手《おんなで》、すなわち仮名《かな》であった。もちろん、女手は男にとっても必要だった。光源氏も、幼少のときから女手をならった、とある。しかし、男には漢籍が第一であった。漢字、真名《まな》は男手《おとこで》ともいわれ、公的文書や男性貴族が書いていた日記はすべて漢字である。女にとって仮名は必修科目であり、男にとっては真名が必修科目だった。とすれば、女たちの書は、小さいころより、年季が入っていたはずである。

従来、三筆・三蹟として能書家が歴史にのこされてきた。まぎれもなく、達筆が現存しているからである。しかし、和歌が、「国風」文化として定着した時期、小さいころから慣れ親しんだ女手を書き、当時の祝い事に欠かせない和歌の屏風に美しい字で書した、佐理の娘のような女性たちも多かったはずである。女性の書がのこっていないことは、なんとしても残念であるが、せっかくの能書も、女性のものはのこそうとしなかった歴史背景こそ再検討しなければならないのではなかろうか。

しかし、ていねいに史料をめくっていると、佐理の娘のみならず、女性の能書家も少なからずいたことがわかる。先ほどの、佐理の娘が九十余歳で墨がれなく和歌を清書した皇后宮歌合の記事が、十二世紀にできた歌学書『袋草紙《ふくろぞうし》』にも載っている。そこには、左方の和歌を清書する人が、交替したことがうかがえる。

「日来故入道中納言の室〈行成卿女〉を定めたるに、触穢《しょくえ》をなす」と云々。「仍りて菅典侍〈故参議輔正《すけまさ》女〉を語らふも、所労と称して書かず」と云々。

最初は、故入道中納言源顕基《あきもと》の妻に決めていたところ、穢《けが》れになってしまった。それで、菅典侍、すなわち菅原芳子に依頼したところ、病気と称して断った、という。結局、兼行《かねゆき》が真名の字で書くことになった。

兼行ぞ歌は書きたるを、歌をむねとしたる事に、など悪《わろ》きものに書かすべき。

（『栄花物語』巻三十六）

「歌を主としたものなのに、どうして悪いものを書かせるのか」と人々が非難したという。兼行は、能書家延幹の子どもであり、やはり能書家で、額などの書を多く書いた人物である。「悪きもの」とは、「賤しい」というより「漢字で書くこと」ではないかと思う。

いずれにしても、左方の和歌の清書は、行成の娘に決まっていたことがわかる。この女性は、行成の最初の妻の女子で、一〇〇〇（長保二）年より少しあとの出生であろうとされている。源顕基は源高明の孫、俊賢《としたか》の息子である。二人の間には、俊長《としなが》が生まれている。顕基は出家し、一〇四七（永承二）年、四十八歳で亡くなっている。歌合の年、行成女は、五十代半ばころであったと思われる。行成は、三蹟の一人であった。ここでも、父から娘に書の伝授がなされていたことがうかがえる。

菅典侍は、九九八（長徳四）年、掌侍だったことが史料に出てくる人物と同じと思われる。そうすると、天皇の乳母だったから典侍になったのではなく、実務女官として、掌侍から当時の女房トップの典侍まで昇進した女性である。参議輔正は、八十五歳の長寿をもった文人貴族。文章博士を務めたこともある父親から、学んだのではないだろうか。

こうしてみると、女たちも和風の書の確立に、そうとう重要な役割を果たしていたのではないかと思われる。

女絵は女が描いたものか？

さて、寛子皇后宮歌合に佐理の娘が書を書いた紙には、絵が描かれてあった。『袋草紙』

には、興味深い記事がある。

左は、銀の舟に和歌の葉子《ようし》十帖を盛り、男女の画工《えたくみ》、歌意《うたごころ》を図《えが》く。右は、金銀を鏤《ちりばめ》たる鏡台に、和歌二巻をもって鏡枕となし、おのおの歌念を絵《えが》く。

左の方は、冊子を十帖作り、男女の画工が歌の内容を描く。右は二巻にして、やはり歌ごころを描いている、という。この部分は、『栄花物語』巻三十六には、次のように描かれている。

歌書くべき冊子どもに、この題の心ばへを、男絵・女絵とかきたるに

つまり、「男絵と女絵が描かれている」とある。では、この男絵と女絵とは、どのような絵のことであろうか。男絵とは男が描いた絵、女絵とは女が描いた絵、と簡単に考えてしまうわけにはいかない。なぜなら、男絵には、

琵琶《びわ》弾かせ給ひ、絵などいとめでたくかかせ給ふ。男絵など、絵師《えし》恥づかしうかかせ給ふ。

（『栄花物語』巻三十六）

ともある。これは、藤原教通の三女歓子《かんし》が、後冷泉天皇に入内したときの記事である。歓子は男絵が得意で、専門の絵師も舌を巻くほどだったという。女が男絵を描くこともあることになる。

じつは、男絵と女絵の差はなかなか難しい問題で、現在でも、きちんとした定説にはなっていないそうである。女絵という言葉が最初に出てくるのは『蜻蛉日記』で、十世紀後期のことである。その後、『紫式部日記』『枕草子』『源氏物語』などに出てくる。男絵の初見は、先の『栄花物語』巻三十六である。このような史料を検討すると、少なくとも、女絵と男絵とは対立するものとして扱われていたこと、女絵は、手軽にもち運びができる装幀《そうてい》、大きさであり、男女の恋愛が描かれることが多いこと、男絵には、難しい画法があったこと、などがわかる。

ところで、唐絵は、中国の典籍や故事にもとづく風物・人物などを題材とした絵で、儀式や行事の際の調度として描かれた。女性が入内するときも持参したから、女もみるし、描くこともできた。いっぽう、九世紀から、日本の風景や風俗を屏風や障子に描いた絵があった。「やまと絵」というが、その言葉が出てくるのは、十世紀後期である。和歌にもとづいて描かれ、色紙形にその和歌を書き加えたものをさした。そのなかで、もち運びに便利な小品ができ、男女の恋愛などの絵が描かれるようになり、それを女性が愛用するようになったため、女絵と呼ばれたのではないか、とされている。女絵は、間違いなくやまと絵の系統である。

おそらく、仮名を女手、真名を男手というように、大きくは、やまと絵を女絵、唐絵のことを男絵と呼んだのではなかろうか。和歌絵についても、唐絵風に描いたものを男絵、やまと絵風に描いたものを女絵と呼んだのではなかろうか。残念ながら、女絵の実物はのこっていない。

小松茂美氏は、鎌倉初期の『葉月物語絵巻』や『枕草子絵詞』などは、画技に堪能な宮廷女房が、女性独壇場の「墨絵」というジャンルによって、『枕草子』の描く平安王朝の後宮女房社会を「女絵」として展開させたものではないか、とされている(『王朝の女性たちと「女絵」の世界』日本の絵巻10、中央公論社)。道綱母もよく絵を描いており、斉信の娘も、「手いとよく書き給ひ、絵などもいとをかしう書き給ふ」（『栄花物語』巻十六）とされている。女性が絵を描いている史料をよく目にするので、もう少し研究が進むと、やまと絵の分野にも女性の果たした役割がきちんと評価されるのではないか、と期待しているところである。

2　書く女たち

新しいジャンルの創造

書を書き、絵を描き、「国風」文化を創り出した役割の中に、たしかに女性たちがいたことをみてきた。もちろん、もっとも特筆すべきなのは、文章を書くことで自己主張した女性たちである。なによりもまず、それまでにはなかった、新しいジャンルの日記文学、『蜻蛉日記』があげられる。

かくありし時過ぎて、世の中にいとものはかなく、とにもかくにもつかで、世に経《ふ》る人ありけり。かたちとても人にも似ず、心魂《こころだましい》もあるにもあらで、かうものの要《よう》にもあらであるも、ことわりと、思ひつつ、ただ臥《ふ》し起き明かし暮らすままに、世の中に多かる古物語《ふるものがたり》の端《はし》などを見れば、世に多かるそらごとだにあり、人にもあらぬ身の上まで書き日記《にき》して、珍しきさまにもありなむ、天下《てんげ》の人の品《しな》高きやと問はむためしにもせよかし、とおぼゆるも、過ぎにし年月ごろのこともおぼつかなかりければ、さてもありぬべきことなむ多かりける。

（『蜻蛉日記』）

『蜻蛉日記』の書き出し部分である。はかなく生きた半生を思い起こしてみると、世間に流布している古物語の一端はどれもこれも作り物である。自分の身の上の方が、実際に起きたことであり、真実である。身分の高い人の生活を問われたとき、その実例としてみるのもいい、と書き出す。受領の娘がトップ貴族を夫に持ったセレブな生活を誇らしく思いつつも、けっして、幸せだけではない人生、しかも、事実上の離婚となったころ、この自叙伝的回想録を書き始める。わが身のはかなさを綴ること、苦悩多い半生をみつめ直すこと、ここからしか自分を救済することができない、と悟ったのである。

それまでも、自分の半生を振り返りつつ、和歌をちりばめた私家集が多くつくられていた。『蜻蛉日記』にも和歌がたいへん多い。

では、なぜ、私家集として和歌を編むのではなく、新しいジャンルとしての日記文学を創設したのだろうか。じつは、妻が編んだ私家集は、『本院侍従集《ほんいんじじゅうしゅう》』が、夫兼通《かねみち》の私家集とみなされたように、夫の名誉に使われることが多かった。もし、同じように歌集を編んだら、「兼家妻」の歌集として、離婚同然の夫兼家の権勢を拡大し、名声を高めるものとして使用されることは、間違いなかった。道綱母はそれを拒否したのである。

歌う女としての半生を、自分のものとして取り戻すこと。これこそ、道綱母が私歌集ではなく、新しい日記文学を創りあげた大きな理由だった、と河添房江氏はみておられる（「平安女性と文学」岩波講座『日本文学史』第二巻）。

すでにみてきたように、貴族社会、とりわけ公卿クラスは、一夫多妻だったから、道綱母の苦悩は、多くの妻たちの苦悩だった。私家集には、夫が通ってこないことを詠んだ和歌はたいへん多い。男の私家集にも、妻の恨みの和歌が取りあげられている。

やだいに（野大弐）のいへにて、ひさしうおはせねば、うへ

ねざめする　やどをばよきて　ほととぎす　いかなるそらに　かきねなくらん

これは、『一条摂政集』である。一条摂政とは、兼家の兄藤原伊尹《これまさ》である。「うへ」とは、北の方とも書かれる醍醐天皇孫、代明《よりあきら》親王の女、恵子女王のこと。野大弐、すなわち小野好古《よしふる》の娘である野内侍の所に入りびたって、久しくこないので、「いつまでもねむれずに声を待っている私の家はさけて、ほととぎすは一体どこの空で楽しそうに鳴いているのでしょう」と詠んでいる。夫にとっては、多くの女のもとに通い、妻に恨みの和歌を詠ませる方が、むしろ名誉である。誇らしげに、私家集にかかげられている。

こんな和歌と、少し長い詞書《ことばがき》だけでは、自身の半生をほんとうにみつめることはできない。多くの女を渡り歩く夫への恨みつらみを書くことはできない。そんなものは、こうして男に回収されてしまうのだから。

また、古物語は、男性作家が、女の道徳的観念や、女の幸福感を書いた、女の教養的物語でしかない。女たちが、自身の体験を見据え描くことでしか、ほんとうの女を表現することはできない。実際に起こった高貴な人々との交流の誇らしさだけでなく、自身の喜びを、苦悩を、第三者的目でみつめること、それでこそ多くの女たちが追体験し、共感を得ることができる。いわば人間の哀歓を、理解してもらえるのではないか。古物語にはない、人間の真実が描けるのではないか。道綱母の意図はそこにあったと思われる。自己主張する女、道綱母は、多くのメッセージを文学に昇華しつつ、千年先の私たちにのこしてくれたのである。

女たちの社会批判

もうひとつの女の自己主張、『枕草子』もまた、新しいジャンルである。類聚的章段、日記的章段、随想的章段、どれもこれも絵画的で短い洗練された文章であることは、多くの指摘がある。ここでは、清少納言の目からみた社会批判を取りあげたい。まずは、男へのメッセージである。「男こそなほいとありがたくあやしき心地したるものはなし」には、こんな訳をつけてみよう。

男は不思議、とてもきれいな女を棄てて、おもしろげがない女と一緒。宮中〈おおやけどころ〉に出入りしている男、良家の男たちは、たくさんいる女たちから選り好め。男よ、高嶺の花でも、死を賭《と》しても恋を貫《つらぬ》け。たとえかなわぬ深窓の姫君でも、美人の誉《ほま》れがあるなら、アタックしてみよう！　女からみてダメな女をどうして恋人にするの？

容姿《ようし》端麗《たんれい》、心優しく、字も上手に書き、和歌も上手に詠む非《ひ》の打ち所のない女が、ひそかに思いを寄せ、恨みの手紙をよこしたりするとき、男は、いちおう返事はするけど、結局そういう女とは一緒にならないで、取るに足りない女を妻にしてしまう。あきれて、歯がゆい。どうも男心はわからない。

男は、古物語などを通し、理想的な女像を創った。そのとおり、いうことない美人で、しかも優しい「心美人」、女の教養どおり、手を習い、歌をマスターしたのに、男はそれを見棄てて、取るに足りない女を妻にする。「蓼《たで》食う虫も好きずき」というけれど、いくらなんでもおかしいじゃない！

なんだか、今でも通用しそうな男論である。

清少納言は、このような女の目からみた社会批判を随所にちりばめていてくれる。道綱母の時代よりも、およそ半世紀後、家柄が確立しつつあり、身分を越えた愛を貫く男たちは少なくなった。また、男たちが理想として創りあげた女像に身を任せても、けっして女にとって幸せが約束されてはいない。短い文のなかに、身分社会における女と男の関係を、凝縮しているように思われる。

九世紀ころまで、性愛においても、男女は対等に近かった。しかし、清少納言が生きた時代は、男優位、家柄主義、身分社会になっていた。それを打ち破りたい、と思っていたのではないか。清少納言もけっして身分を超越しようなどとは思っておらず、自身より地位の低い男女には手厳しい、という限界はもちろんもちつつも。

女房勤めを批判する風潮にも、一石を投じる。

平凡な結婚をして人妻となり、将来の希望もなく、ただまじめに、夫のわずかな出世を幸福と心得て夢見ているような女性は、うっとうしくつまらぬ人のように思いやられて感心できない。やはり、相当な身分のある家の子女などには、宮中に奉公して、社会の様子も十分見聞きさせ、習得させてやりたいと思う。宮仕えする女性を軽薄でよくないことのように思ったり、いったりする男性がいるが、そんな男はまことに憎らしい。たしかに、宮仕えをしていると、天皇、皇后をはじめ公卿、殿上人、四位などはいうまでもなく、身分の低い女房の従者どもや、里からくる使者、長女《おさめ》や御廁人《みかわやうど》まで、直接顔を合わすことになるが、男だって宮中でお仕えしている以上、同じではないか。宮仕えの経験のある妻が典侍と呼ばれて、時折参内したりするのも名誉あることではないか。また受領の五節舞姫献上の折りなど、妻が宮仕え経験者であれば、人に聞いたりせずにできるではないか。

(『枕草子』「生ひ先なく、まめやかに」の段要約)

女はまず宮仕えにでて、さまざまな社会的体験をし、感性を磨き、そして結婚すべきだ。これも、いまでも通用する女の主張である。先ほどの文章の中に、「おおやけどころ」に立ち入れる男たちは、そこから選り取りをしたらいい、とすすめていたが、まさに、宮中で働く女たち、女房をこそ結婚相手にするのがよいとすすめている。これも、男たちの日記、たとえば実資の日記『小右記』にちりばめられている、女房勤めを非難する男たちへの、「異論・反論」である。

平安朝の半ばころ、道綱母や清少納言だけでなく、新しい長編小説、世紀の大ベストセラーを完成させた紫式部、自分の愛を高らかに歌いあげた和泉式部、歴史の中の真実を物語に収斂した赤染衛門など、数えきれないほどの女たちが、文学の中で自己表現してきた。まさに、書く女たちの世紀であった。

男たちが、借り物の外国語である漢字や漢籍を下敷きに日記を書き、公的文書や漢詩をつくっていたとき、女たちは、心の内面を描写できる仮名、いわば自国語で、自己を語ったのである。この仮名文学が、わが国の平易な日本文を定着させていったことはいうまでもない。

女たちは、伝統文化の基礎をしっかりと固めたのである。

3 縫う・染める女たち

縫う妻たち

夜遅くまでミシンの音を響かせ、ブラウスやスカートを縫ってくれた母の姿が、今でもなつかしいのは、私だけであろうか。わが家の衣服は、ほとんど母の手作りだった。また、父の郷里の疎開先で敗戦を迎え、そこに定住した母は、大切に背負ってきたミシンを踏み、生活を支えていた。ついこの間まで、われわれの周囲にたくさんいた女性たちの姿である。

この伝統は、ずいぶん古くから続いてきたものである。最上層貴族を夫にもった道綱母も同じだった。

七月《ふみづき》になりて、相撲《すまい》のころ、古き新しきと、ひとくだりづつひき包みて、「これ、せさせ給へ」とてはあるものか。見るに目くるるここちぞする。古代の人は、「あな、いとほし。かしこにはえつかうまつらずこそはあらめ」なま心ある人などさし集りて、「すずろはしや、えせで、わろからむをだにこそ聞かめ」など定めて、返しやりつるもしるく、ここかしこになむもて散りてすると聞く。かしこにも、いと情《なさけ》なしとかやあらむ、二十余日おとづれもなし。

（『蜻蛉日記』）

ときに、道綱母二十二歳のころ、息子の道綱は三歳、夫兼家は、「町の小路の女」の所に入り浸《びた》り、男子が生まれていた。道綱母の所には、夜離れが続いていたころの話である。七月には相撲の節があった。諸国から相撲人を集め、宮中で相撲を取らせる儀式である。ただしこの年は、兼家の継母で村上天皇の同母姉、康子内親王が亡くなったので、中止されていた。届けられた仕立物は、相撲節のためではなく、継母の法事に着ていく衣装のようである。

当時、夫の衣装は、妻方が用意するものだった。しかも、道綱母は仕立物が上手で、和歌に次いで自慢の一つだったらしい。しかし、兼家は最近、「町の小路の女」と過ごす時間がもっとも長く、そこに通い詰めである。だったら、そこで用意すべきであり、町の小路の女が縫うべきだった。道綱母が、「見るに目くるるここち」、すなわち「胸が煮えくり返って、むかむかする」気分になったのも肯けよう。だから、侍女たちが集まってきて、「縫えないで、面目をつぶす噂でも、せめて聞こうじゃないの」と衆議一致し、つき返したのである。

もっとも、「町の小路の女」は、「ひがみたりし皇子の落胤《おとしだね》なり」とあり、「嫡出でない天皇の子どもである皇子が産ませた子ども」だった。落胤とあるから、正式に認知していなかったようである。しかし、「皇子の落胤」だったら、けっして低い身分ではない。ただし、母親は正式な妻としての地位にはなく、娘にもそのような教育がなされなかったのであろう。

妻が夫の衣装を用意するのは、古くからの慣習だった。九世紀初頭にできた仏教説話集『日本霊異記《にほんりょういき》』には、通ってきた夫が自宅に帰り、絹十疋と米十俵を貧しい妻に送って、

絹はたちまちに衣に縫ひ、米は急《たちまち》に酒に作れ。


という説話がある（中巻三十四話）。衣や酒は、本来、妻方で用意するはずだったことがうかがえる。

十世紀の半ばころにできた『大和物語《やまとものがたり》』にも、夫の衣装を妻が縫う話が、いくつも見出される。たとえば、六歌仙の一人で、『伊勢物語』の主人公とされている在原業平《ありわらのなりひら》が、染殿《そめどの》后に仕える内侍のもとに「すみける」、すなわち通っていたあと、「すまずなりけり」、来なくなったのに、「中将のもとより、衣をなむ、しにおこせたりける」。すなわち、仕立てを頼みにきた。内侍は、当然気分が悪い。恨みの和歌を送っている（百六十段）。ここでも、かつての妻に仕立てを頼んでいる男の姿が、浮かびあがる。

『源氏物語』でも、光源氏の衣服は、紫上が縫っている。また、夕霧の養育係をまかさ

れた花散里《はなちるさと》は、夕霧の衣装を仕立てている。母は息子の装束も用意する。道綱母も、兼家と離婚したあとも、道綱の正月用の装束を用意している。

屋敷内の役割分担

もっとも、貴族の家には多くの女房がおり、親王家や摂関家などには、天皇家と同じように御匣殿《みくしげどの》が置かれており、そこで裁縫されていた。また、貴族・豪族層には、独自の所があった。『宇津保物語』（吹上・上）の紀伊国の豪族神南備《かんなび》種松《たねまつ》の屋敷内には、衣料品関係の所が多かった。

織物所《おりものどころ》――機織機《はたおりき》を据え織る所。織り手二十人
染殿《そめどの》――染める所。御達《ごたち》（女性）十人・女の子ども二十人
打《う》ち物所――絹を砧《きぬた》で打ってつやを出す所。御達五十人・女の子ども三十人
張《は》り物所――絹を張る所。女ども二十人
縫物所《ぬいものどころ》――縫う所。若き御達三十人
糸所《いとどころ》――糸繰りや組み糸。御達二十人

寝殿には、北の方が、「所所の別当《べつとう》の御達並み居て、預かりのことども申したり」
西の対には、主の種松が、「御前に、男ども二百人ばかり居て、物言ひなどす」

御達は、女性のことである。織り・打ち・染め・縫う行程がすべて揃っており、各所の責任者の別当の御達を集めて、北の方が統括している。また、家の主は、仕える男たちの統括をしている様子が、きわめてリアルにうかがえる。男の家司や従者・仕人は、男主が、女房や侍女、女童たち女の仕人は、家妻である北の方が統括している事例である。

北の方が女性の別当たちに指図しているということは、北の方が家内の衣料製品の統括者である。もちろん、このなかには夫の装束も含まれている。さらに、女房や従者などの仕人の分のみならず、召人的妾の分も入っていたのではないかと思われる。『源氏物語』玉鬘では、暮れに装束を新調して女たちに贈っているが、そこの部分は次のようになっている。

御匣殿《みくしげどの》（裁縫所）でお仕立てしたのも、こなた（紫上）でお縫わせになったのも、皆取り出された。こういう染織の方面も、紫上はたいへんすぐれており、世になき色あいに染め付けられるので、めったになくすばらしい、と光源氏はお思いになった。

夫の衣装は妻方で用意し、妾的女性たちの装束は夫が支給するのではないかと思われる。ただし、同居している妻の場合、夫の経済力を頼るようになれば、妻の衣装の絹や綾も、夫が渡すのであろう。

さて、妻による夫の衣料の用意は、上層貴族の妻たちだけではない。最初にみた『今昔物語集』の茨田重方《まんだのしげかた》は、稲荷で出会った女（じつは妻）に、妻のことを、

しや顔は猿の様にて、心は販婦《ひさぎめ》にて有ければ、去なむと思へども、忽《たちまち》に綻《ほころび》縫ふべき人無からむが悪《あし》ければ。

と、語っている。上層庶民層でも、縫う行為は妻の役割だったことがうかがえる。

巻二十四の五十六話には、京から流浪してきた女が播磨国に流れ着き、郡司夫妻に養われ、「物縫せなどに仕」われていたところ、なかなかうまくこなした、とある。庶民層でも、縫い物は女たちがおこなっていたからであろう。

染める妻たち

妻たちの衣服管理には、染めることも入っていた。紫上が染め上手だったことは、すでにみた。道綱母も同じである。九七三（天延一）年、夫兼家は大納言で四十五歳、風格が備わった貴族として華やいでいた。久しぶりに立ち寄っての帰りの様子である。

わが染めたるとも言はじ、にほふばかりの桜襲《さくらがさね》の綾《あや》、文《もん》はこぼれぬばかりして、固《かた》文《もん》の表袴《うえのはかま》つやつやとして、

（『蜻蛉日記』）

帰っていった。「わが染めたるとも言はじ」には、道綱母の誇りが凝縮されている。桜襲とは、表が白、裏が濃い蘇芳《すおう》の色目であり、固文とは、糸を浮かさず、固く締め、沈めて織りだしたものである。

「私が染めたから言うわけじゃないけどね、見てちょうだい、この下襲《したがさね》。ほら、いい

でしょう?」

これは、岩佐美代子氏の訳である（前掲著『宮廷に生きる』）。じつに的確で優れていると思う。夫の衣装は妻が染める。もちろん、女房や侍女を指図してであるが、しかし、色合いの調合は、妻自身がかかわったにちがいない。だから、押しも押されもせぬ夫兼家の地位と貫禄を纏《まと》う衣装として、ふさわしい色合い、できばえを、誇っているのである。もっとも、けっきょくこれを境に、道綱母は自分の老いを悟り、最終的には離婚を決意し、父の家に移っていくのであるが、この点については、ぜひ、平安貴族女性の老いと身体を分析した拙著『平安朝　女性のライフサイクル』（吉川弘文館歴史文化ライブラリー）を読んでほしい。

さて、縫うのみならず、染めも妻の仕事だったことをみた。平安中期以降、男たちも女たちも美しい色合いの衣装を求めていた。

さくら色に　衣は深くそめてきむ　花の散りなむ　後の形見に

（『古今和歌集』）

中国から入ってきた繧繝《うんげん》という色彩組織を基礎に、平安中期ころ、貴族たちは春夏秋冬、季節により移ろいゆくわが国の自然にあわせ、彼らの生活にあわせて、和風の色彩コーディネート色を創りあげていった。重ねの色がだんだん薄くなる、あるいは濃くなる「匂い」、濃い黄緑から次第に薄くなる萌黄《もえぎ》の匂い、紅から薄くなる紅梅《こうばい》の匂い、重ねて色合いを美しく出す「重ね」、山吹がさね、桜がさね、藤がさねなどなど、平安王朝の彩りは、なんとも華やかである。また、色彩は身分や年齢によっても違っていた。赤い華やかな色は、高貴な人の色であった。

また、湿気の多い京都の季節にあわせ、袖口を広げ、あるいは裾《すそ》も広く仕立て、風土にあった衣服に変えていった。和風衣装、和風文化の成立である。形・色、男たちを装い、女たちの美をアピールするファッション。じつは、この文化を創りあげたのも女性たち。しかも、公的役割から退けられ、家妻として生きた女たち、そしてそれを支える多くの女房・侍女たちだったのである。

多くの人々が指摘するように、『源氏物語』にも、『栄花物語』にも、各行事ごとに集う男女の衣装と色が、たいへん詳しく記されている。このこだわりこそが、衣装を文化の域まで高め、発展させていったのではなかろうか。衣装文化のなかにおける女たちの役割も、もっと重視されていいのではないかと強く思う。

衣装と身分

衣服の記録は、物語作者の女性たちだけの関心事ではなかった。男性の日記にも儀式ごとにたいへん詳細な記述がある。形、素材、色、すべてを詳しく書くことが多い。これは、衣服が身分を表しているからである。とくに、綾、絹、布など、素材は身分ごとに着用が細かく決められており、また、色も位に応じて細かく規定されていたからである。

平安中期ともなると、庶民層が絹を着てはいけない、あるいは紅の色が濃すぎるなど、何度も何度も禁制が出されている。これは、禁止された絹を着たり、好きな色を勝手に使ったりと、規制を逸脱し始める貴族や庶民層が多かったことを、示している。

しかしながら、絵巻物をみると、きらびやかな色合いの衣装を重ねている貴族女性たちに対し、庶民女性は、筒袖の着物を一枚着て、腰に褶《しびら》と呼ばれる短い裳を巻いているだけである。褶には、文様がついていることが多いけれども、筒袖の着物は、白い生なりのことが多い。これは、水干《すいかん》を着ている庶民男性と比べてみるとよくわかる。水干には、布製であっても、染め文様が多いのである。染めること、色をつけること自体、一つのステータスであった。

貴族や豪族に仕える男女は、すでに述べたように、主から衣服を支給されることが多かった。主は、仕人の衣装をより華やかに、よいものを着せることで、家の富裕さを誇った。逆に、色物・柄物を着る庶民は、主をもつ誇りでもあった。だから、主をもつ庶民は、色物・柄物の衣装を身に纏《まと》うことが多かったのである。しかし、絵巻物の庶民女性は、白い着物が多く、染め文様は少ない。ということは、男性の方が主をもっていることが多かったことを示していよう。平安京が造られ、都市庶民が生まれても、庶民層内部でも男女の階層関係は歴然としていたのである。まさに男女不平等なジェンダーである。衣装という、目にみえる姿にも、このようなジェンダーが刻印される社会の到来である。

4　デザインする女たち

娘たちの結婚準備

道長の長女彰子が、一条天皇に入内したときのことである。天皇が彰子の藤壺にやってきたところ、部屋のしつらい、香のみならず、家具調度もすばらしいことに感嘆する。

はかなき御櫛《みくし》の箱・硯《すずり》の筥《はこ》の内よりして、をかしうめづらかなる物どもの有様に御覧じつかせ給て、明けたてばまづ渡らせ給て、御厨子《みずし》など御覧ずるに、いづれか御目とどまらぬ物のあらん。

（『栄花物語』巻六）

一条天皇には、すでに道隆の娘定子が入内しており、同じような入内道具がもち込まれていた。それと比較しても、目にとまらぬものはない、とも暗に書いているようである。

まず、入内道具、すなわち結婚道具の筆頭にあげられるのは、櫛や化粧道具を入れておく、御櫛の箱である。箱の中には櫛、鋏《はさみ》、毛抜き、髪掻《こうがい》（髪を掻きあげるために用いる棒状の道具）、耳掻き、櫛掃い（櫛の歯の間を掃除するための刷毛）、釵子《さいし》（髪どめのピンで、装飾をかねた）、釵子緒、鏡、玉などが入れてあった。二番目に書かれている硯箱も必需品のようで、硯、水差し、筆、墨、小刀などが入っていた。御厨子は、このような櫛箱や硯箱などを置いておく置き棚で、二段になっており、下の段には扉などが取り付けられていた。

ほかにも、彰子の持参調度には、「弘高《ひろたか》が歌絵書きたる冊子に、行成君《ゆきなりぎみ》の歌書きたる」物も、天皇はたいそう興味深く見入った、とある。弘高は、一条朝の最高の絵師で、巨勢《こせの》弘高といった。行成は、前に触れたように三蹟の一人、当代随一の書家だった。最高の絵描きの絵に、トップの書家の筆になる書が書かれている冊子である。一条天皇ならずとも、感心するであろう。

十年ほど後に、道長次女妍子《けんし》が、東宮居貞《いやさだ》親王（のちの三条天皇）に入内する。東宮は、やはり妍子のもとにやってきて、妍子が持参してきた「御具どもを片端よりあけ拡げて」みる。御具の中には、さまざまなものがあった。「御櫛の筥の内の様子、小筥《こばこ》などに入っている物などはいうまでもない。殿の上（倫子）、君達《きんだち》などが、我も我もと挑《いど》んで揃《そろ》えたものであるから、たいへん興味をもって御覧になる」。御櫛箱などは、母親倫子や兄弟などが、競って誂《あつら》えたものとある。さらに、「この御櫛箱は、村上天皇が、女御芳子のために調進した蒔絵の御櫛箱一双が伝来して、今の女御娍子《せいし》のもとにあるものよりも、もっとすばらしいものだ」と続く。

娍子は、東宮のキサキの一人であり、すでに子どももいた。その娍子よりもすばらしい物を持参してきた妍子のもとに入りびたっている、という。当時、何人もキサキがいたから、天皇や東宮の足を向けさせるためには、キサキ本人の容姿や教養のみならず、このような目を引きつける調度も必要不可欠だったのである。

これは、なにも入内するキサキたちばかりではなかった。婿を迎える娘の家でも、同じように家具調度が準備された。藤原斉信《ただのぶ》は、娘に道長の息子長家《ながいえ》を婿取る。

後《ご》漢書《かんじょ》の御屏風や、文選《もんぜん》・文集《もんじゅう》などの屏風を仕立て、御帳・御几帳より始めて、よろづの御具ども、輝くばかりし集め給ひければ、げに内・東宮に参り給はんに堪へて見えたり。

（『栄花物語』巻十六）

漢籍を書いた屛風とは、基本的に唐風屛風であり、年中行事などの際に使用する男の必需品であろう。このようなものも妻方で用意したのである。御帳や御几帳などは、当時の寝殿造家屋では、間仕切りとして必需品だった。多くの家具や調度類が、新婚夫婦のために新しく用意された。もちろん、御櫛箱や硯箱があったことはいうまでもない。さらに、香壺、扇など、多くのものが用意された。

「婿取婚」の当時、入内した娘のもとに天皇や東宮を引き留めておくためにも、婿の足を常に娘の所に向かわせるためにも、家具や調度の調整は、たいへん重要だったことが知られよう。

家具は女の文化

では、この調度を用意したのは誰であろうか。先ほどの妍子の入内調度は、母親である倫子がしつらえた、とあった。『源氏物語』にも、同じような場面が出てくる。連れ子である浮舟の婿取りのために、準備をしている母親のことを記したくだりである。「結婚式を八月と約束して、調度を用意し、ちょっとした遊技の道具をつくらせるにしても、趣向を格別に、格好を面白くし、また、蒔絵や螺鈿《らでん》のいき届いた心使いが他より勝っているものを、浮舟のためにと取り隠した」という。この場面から、小泉和子氏は、「母親自身が調度のデザインをしている」と指摘されている（『室内と家具の歴史』中央公論社）。この部分から直接そのようにいえるかどうかはともかくとして、先の倫子の場合も同じように、娘の結婚用の家具や調度は、母親が見繕《みつくろ》って用意したことは、間違いない。

小泉氏は、現存する平安時代の調度は、非常に女性的感覚であり、他の時代には類をみないほど典雅優美であるが、これは女性がデザインしたからにほかならない、とされている。たとえば、仏前に置く机である、法隆寺や中尊寺の「宝相華《ほっそうげ》螺鈿案《らでんのつくえ》」は、脚が軽やかで優美であり、あたかもロココの家具を彷彿とされるようにエレガントである、という。平安時代は、家具の歴史にとってもたいへん重要な時期で、敷設法と意匠《いしょう》の両方の面で、後世に大きな影響を与えており、これは、日本古来の住文化が大陸の影響を受けて大きく飛躍発展した後に、ふたたび日本的に編成されたためであった。さらに、日本的デザインを形成するうえで、女性たちの果たした役割ははかりしれないほど大きなものであった。あたかも真名に対する仮名のようなものではないだろうか、とされている。

描き、書き、主張する女性たちがいたことをみてきたが、家具や調度の歴史にとっても、平安朝の女性の果たした役割は、きわめて大きかったのである。

たしかに、清少納言も『枕草子』で、家具や調度のことについてふれている。

人の家にあってにつかわしいもの。厨《くりや》。侍の詰め所。箒《ほうき》のあたらしいもの。四つ足の台の上に折敷をのせ懸けた形の懸盤《かけばん》。召使いの童。召使いの女。中の盤。衝立障子《ついたてしょうじ》。三尺の高さの几帳。とてもきれいに装飾した食べ物入れ（弁当箱）。からかさ。かきいた。棚厨子《たなずし》。円座。折れ曲がっている廊下。床板を切り下げて、据えた炉。絵を描いてある火桶《ひおけ》。

当時の貴族層の邸宅にあった家具、調度類である。裕福な庶民層でも、入手できそうなものである。私的な邸宅内の衝立障子には、やまと絵や和歌が書き込まれていた方が好まれ、棚厨子は、漆が塗られ、蒔絵《まきえ》が施されているのであろう。清少納言が、邸宅内の家具や調度に注目するのは、やはり、それを管理、調整する女性だからではあるまいか。

文化の伝導

蒔絵や螺鈿《らでん》で装飾された、優雅でエレガントな調度類は、主として上層貴族に享受されていた。しかし、それは次第に下級貴族層へ、裕福な都市民へと浸透していったものと思われる。それは、主従関係をめばえさせた身分社会ゆえの特質でもあった。

一〇二三（治安三）年、妍子の産んだ三条天皇皇女禎子内親王の成人式、すなわち裳着が、土御門殿でおこなわれた。このときも道長の妻倫子が、御物具どもを調えさせている。そのしつらいをみれば、藤の末濃《すそご》の織物の垂れ布をかけた几帳、紐はまだらに染めた唐組《からぐみ》、御屏風の縁木にはみな螺鈿や蒔絵をさせている。屏風には色紙形に、行成が和歌を万葉仮名で書く。もう一つの屏風には、下絵の上に同じく行成が草書を書く。他の御具には、すべて蒔絵・螺鈿が施してあり、所々に玉すなわち宝石類がはめこんであった。

さらに、禎子内親王の前に飾った調度一式は、髪上げの役をおこなった典侍、道綱の娘豊子に下賜されている。

御髪上《ぐしあげ》の典侍の今宵の局、えもいはず。やがて一具しつらはせ給へる物一つとりちらさず給はせつ。贈り物には、衣筥《ころもばこ》二つに、さまざまの装束二領づつ、さるべき物添へさせ給へり。今宵の御前の物ども、やがて給はり給ふ。局には、屏風、几帳、二階（棚厨子）、硯の筥、櫛の筥、火取《ひとり》（香炉）、半挿《はんぞう》（湯や水を注ぐ道具）、盥《たらい》、畳《たたみ》まで、残りなく給はる。

（『栄花物語』巻十九）

典侍豊子は、彰子の産んだ敦成親王、すなわち後一条天皇の乳母である。道綱の妾の一人が産んだ女子であり、中級以下の階層である。その豊子が、内親王に用意した調度すべてを下賜されている。「おろし」である。その豪華なデザイン、装飾は、前に記されている。

このように、意匠をこらした家具、調度は、主従関係をとおして、下賜され、次第に下級貴族層へも浸透していき、都市の文化として次第に広まっていく側面もあった。和風デザインは、女房層をとおして広がり、発展していく。女たちから女たちへ、こうして和風家具のデザインは、伝統文化の一端を形成していくのである。

第七章　旅する女たち

1　寺社詣での旅

道綱母の寺社詣で

貴族女性たちは、子どもを授かることを祈願して、寺社詣でを繰り返していたことはすでにふれたところである。寺社詣では、彼女たちの娯楽の一つでもあった。まずは、『蜻蛉日記』から、道綱母の寺社詣でをみてみよう。

道綱母のもっとも強い願いは、夫の愛を取り戻し、同居の正妻の座にすわることだった。平安京の中で、男女の性愛にたいへん御利益があると信じられていた筆頭は、伏見《ふしみ》稲荷《いなり》である。この点は、拙著『平安朝の女と男――貴族と庶民の性と愛』（中公新書、一九九五）に詳しく述べたところであるが、道綱母も当然ながら出かけている。『蜻蛉日記』を見てみよう。

九月になって、「自然の趣はすばらしいことだろう。物詣でしたいもの、このような心細い身の上のことも、神様に申し上げてお願いしよう」などと決心して、ごく内密に、ある所に出かけた。一串の御幣《みてぐら》に次のような歌を書き付けて、結びつけた。まず下《しも》の御社《みやしろ》に、

いちしるき　山口ならば　ここながら　かみのけしきを　見せよとぞ思ふ

「ある所」とは、稲荷社のことだとされている。九六六（康保三）年、道綱母が、三十歳のころ、この年三月、夫兼家が自分の所で急病になり、兼家の邸宅まで送り届け、また見舞いにいくなど、夫婦関係は、とても円満で安定していた時期だった。ところが八月ころ、ささいなことで喧嘩になり、兼家は「われは今は来じとす（私はもうここにこないつもりだ）」と十二歳の道綱にいいのこし帰っていった。夫も夫である。道綱は泣きやまない。その後、五、六日たって、兼家がやっと訪れても、二人の仲は、しっくりいかない。そんな九月、稲荷社参詣となったのである。

伏見稲荷には、頂上付近に下社、中社、上社の三つの祠《ほこら》があった。そこに詣でて、御幣《ごへい》

に和歌をしたため、各社に奉納した。下社には、「霊験あらたかな神の山の入口でありますなら、この下の神社で、ただちに神の霊験をおあらわしくださいますよう、お願いいたします」と歌っている。神の霊験とは、もちろん夫婦仲の修復である。

中の社には、

稲荷山　おほくの年ぞ　越えにける　祈るしるしの　杉をたのみて

（この稲荷神社の杉を毎年もち帰り、植えて枯れなければ福がくるというので、その杉に期待をかけて、長年祈り続けてまいりました。どうか、一刻もはやく御利益を得させていただけるようお願いいいたします）

とある。伏見稲荷に生い茂っている杉を一枝もち帰り、それを庭に植えて、枯れないと御利益があると信じられていたようで、これが詠まれている。

上の社には、

いつしかも　いつしかもとぞ　待ちわたる　森のこまより　光見むまを

（いつだろうか、早く早くと待ちわびております。森の木の間から神さまの光を見ることができる時を）

と、霊験あらたかで、参詣すると願いがかなうという稲荷になんどもお参りしたのに神さまの光が、すなわち、御利益がいまだ得られていない、と歌っている。

同じ月に賀茂《かも》社にも詣で、同じく願い事をしたが、御利益がない。

秋が果てて、冬はついたちだとか、みそかだとかいって、貴族から庶民まで上下のべつなく、だれもかれも忙しがっているようなので、夫も訪れず、私は独り寝のようなありさまで過ごした。

稲荷社も、賀茂社も、道綱母の願いをかなえてくれなかったようである。

稲荷社参詣は、他にも出てくる。九七四（天延二）年、作者三十八、九歳ころのことである。昨年来、すでに夫を迎え続けた邸宅を手放し、父の家に移り、実質的離婚が成立していた。五月四日、同居の養女が物詣でにいくというので同行することにした。侍女が、

「女神には、衣を縫って奉納するのがよいそうです」とささやくので、雛衣《ひいなぎぬ》（雛人形に着せる衣）を三つ縫ってそこに和歌を書いた。

しろたへの　衣は神に　ゆづりてむ　へだてぬ仲に　かへしなすべく
（この白い着物は神様にお供えいたしましょう。私ども夫婦を昔のように隔てのない以前の仲にかえしていただきますようお願いいたしまして）

とても素直に気持ちをそのまま詠んだ和歌のような気がする。このときもあと二つ雛衣と和歌が奉納されたのであるが、それなどもたいへん自然な気持ちを詠んでいる。どうしてもっと早くこのように素直に対処することができなかったのか、千年後の読者の私には、悔やまれる気がするが、本人はすでに諦めきっていたから、このような和歌が詠めたのかもしれない。

ストレスからの解放

ほかには、般若寺《はんにゃでら》、唐崎《からさき》、石山寺《いしやまでら》、清水寺《きよみずでら》などにお参りをしているが、いちばん長い行程だったのは、初瀬詣《はつせ》でである。初瀬とは、奈良県桜井市初瀬にある長谷寺で、十一面観世音菩薩が、上層貴族から庶民層まで、多くの人々に尊信されていた。当時、観音信仰は、現世利益を願う人々の信仰の対象だったのである。

九六八（安和二）年九月、「かくて年ごろ願あるを、いかで初瀬にと思ひ立つを、たたむ月（翌月）にと思」ったのではあるが、今月いくことにした。作者、三十二、三歳のことである。なぜ今月にしたのか。来月は、夫兼家と時姫との娘超子《ちょうし》が冷泉《れいぜい》天皇に入内し、大嘗《だいじょう》祭《さい》の女御代《にょうごだい》を奉仕することになっていた。そのための準備に忙しい今月、初瀬参りにいこうというのである。兼家は、「大嘗祭が終わったら一緒にいこう」、といってくれるが、道綱母は黙って出かけてしまう。作者としては、娘を入内することができる時姫に対する羨《せん》望《ぼう》や嫉妬《しっと》心に、日夜悩まされていたにちがいない。そのストレスからの解放である。

第一日目、暁、すなわち午前六時ころ、九条河原を出発して、正午ころ宇治院に着き、食事を取る。舟に牛車を乗せて、橋寺に宿泊。

第二日目、寺めくところに泊まる。

第三日目、椿市《つばいち》に泊まる。

第四日目、兼家から手紙が届く。迎えにいくとのこと、本当は嬉しく、作者の胸は躍る。しかし、素っ気ない返事をしておく。湯浴《ゆあ》みをして長谷寺《はせでら》に参詣する。初瀬への途中は、紅葉にはまだ早く、花も終わっており、枯れた薄《すすき》ばかりが目立ったが、ここはちらほら色づき、川の流れも趣がある。長谷寺の参道では、乞食《かたい》どもが土器や鍋などを据えているのもたいそう哀れであったが、なんだか下衆《げす》（身分の低い者）近くな気がして、かえって汚れたような気がしてしまう。一晩参籠する。

第五〜六日目、翌日、帰途につく。兼家から話が伝わっており、あちこちで饗《あるじ》（もてなし）してくれる。

第七日目、帰途三日目に、山城の国の久世《くぜ》の三宅《みやけ》という所に泊まる。翌朝早く、兼家の一行が狩衣《かりぎぬ》姿で、宇治まで迎えにきてくれる。随身《ずいじん》などを供にした賑やかな一行であった。良家の子息や兵衛府や衛門府の次官である佐《すけ》などが作者に追従し、なんともいえぬ誉れを感じる。

第八日目、夕方京都に帰り着く。

七泊八日の旅であった。明記してはいないが、「願」とは子宝であろう。時姫のように女子が欲しかったにちがいない。往きは寂しい微行の旅だったが、帰りは公卿夫人の旅としてにぎにぎしい旅だった。この様子を記し、貴族のトップクラスである公卿層の妻として世間から認知されたことや、晴れがましさを誇示《こじ》したかったことは間違いない。

初瀬詣で

このように道綱母のいちばんの遠出は、初瀬だった。

初瀬は、京から七十キロ近くあり、道綱母のように牛車では片道三泊四日を費やしているが、徒歩の場合だともっとかかった。徒歩でお参りしたのは、『源氏物語』の玉鬘《たまかずら》である。玉鬘は、頭中将と夕顔の娘で、乳母とともに大宰府にいっていたが、地元の風流をもち合わせていない豪族の求婚を逃れて、はるばる九州から逃げてきていた。玉鬘を護《まも》る豊《ぶん》後介《ごのすけ》一行は、九条の知り合いの家に泊まっていた。

仏の御中には、長谷なむ、日の本の中には、あらたなる験《しるし》あらはし給ふ、と、唐土《もろこし》にだに聞こえあなり。ましてわが国のうちこそ。

と思い、玉鬘の母親の居所を仏に教えてもらおうと出発する。長谷寺は当時中国にも名高いと描写されるほど、信仰を集めていたことがうかがえよう。

ことさらに徒歩《かち》よりと定めたり。

若い玉鬘は歩いていく。これは、徒歩の方が御利益があると信じられていたからのようである。牛車に揺られた道綱母は、三日目に着いて泊まった椿市に、玉鬘一行は、「四日といふ巳《み》の刻ばかり」に着いている。着いたときには、足が痛くて動けなかった。貴族の女性たちが、七十キロも歩くと、足も痛くなるにちがいない。

玉鬘一行は、男が、豊後介、弓をもった護衛二人、下男、童三、四人、女は、玉鬘、夕顔の乳母、その娘兵部君《ひょうぶのきみ》、下女、古くからの下衆二人、合計十三、四人である。これが、人目をさけた質素な一行とされている。

ここで玉鬘一行は、夕顔の女房である右近《うこん》（夕顔の乳母子）一行と巡り会うのであるが、右近一行は、右近と女房の「よろしき女二人」のほか、下人ども、男女数が多く、四、五頭の馬が曳かれており、身なりのよい男たちがついている。光源氏の女房として仕えている右近ゆえに、しのんできたというけれど、大人数という。大臣の娘である玉鬘も、本来ならばもっと大行列だった、と思わせる描写である。

椿市の宿坊で、同じ法師の家に泊った玉鬘と右近たちは、はからずも再会するストーリーとなっている。まさに、長谷寺観音の御利益である。玉鬘たちは、三日間長谷寺におこもりをしている。徒歩で参詣した玉鬘たちには、十日余りの長旅だったことになる。

清少納言も、何度も長谷寺にお参りしたようで、『枕草子』にも詳しく出てくる。祈願の内容は記されていないが、女性の場合は、子宝や、父母や子どもとの再会を願ったりする祈願が多かったようである。赤染衛門《あかぞめえもん》も何度も初瀬参りをしているが、夫の大江匡衡《まさひら》が生存していたときには、二人で出かけていた。一周忌のころ、石山寺に詣で、夫の思い出にひたったあとの歌である。

おなじころ、初瀬に詣でて、夜とまりたる所に、草をゆひて枕のれうとて得させたり。もろともに詣でたりし旅のありさま、思ひ出でられて。
ありしよの　旅は旅とも　あらざりき　一人つゆけき　草枕かな
（夫が存命中の旅は、旅というものでもなかったのだ。こんどこそ、ひとりきりで、涙がちな旅寝の枕になってしまったことだ）（『赤染衛門集』）

夫との旅は楽しかったけれど、一人の旅は涙がちな旅寝の枕になった、という。夫と同行すれば、大納言の兼家ほどではなくても、知り合いの家々が歓待し、宿坊の主の対応も、寺の局の待遇も丁重だったと思われる。夫婦での寺参り、先ほどの道綱母もほんとうはそれを願っていたのではなかったろうか。しかし、黙って夫に従えない意地があった。

道長と倫子夫妻は、夫婦で参詣している記事が多い。倫子の氏寺である仁和寺《にんなじ》や道長の一門墓地に建てられた浄妙寺《じょうみょうじ》をはじめ、石山寺、石清水八幡宮、清水寺など、二人で出かけている。長谷寺へは、道長が参詣して七日間参籠した記事があるが、倫子の参詣は記されていない。

女児祈願の旅

男性の初瀬詣でを、実資の『小右記』からみておこう。九九〇（正暦一）年七月十一日、溺愛していた六歳の娘が亡くなってしまう。血涙するほど落胆するが、八月二十一日には、延暦寺や長谷寺に、「女子を乞う祈願を申」すために、僧に供養させることを依頼する。実資は三十四歳、従三位参議である。この二年前に、道長の娘彰子が生まれており、少女が生きていれば、彰子より早く入内できた可能性もあったから、実資の悲嘆は肯けよう。どうしてもこの少女に代わる女児が欲しかったのである。翌月には、自身で寺々に祈願参詣をする。

九月五日、朝、寅の刻というから早朝の四時ころ出発し、歩行により所々に参詣する。高畠から船に乗り、石清水八幡宮に参詣。「女児の大願具の由、願書あり」、これを読申する。近辺に一泊する。

六日、大安寺の宿坊まで徒歩でいき、ここに泊まる。

七日、大安寺より騎馬で元興寺に詣で、春日神社に奉幣し、ここでも、「子息繁昌のため、殊に女児を祈り申す願」とある。この日は大安寺まで帰り宿泊。

八日、朝四時ころ、歩行で出発、午刻、正午ころ椿市に到着。御明や灯心の器などを買い、申刻、午後四時ころ長谷寺に到着、「女児を乞う祈願、願書に具載」し諷誦（経文などを声をあげて読むこと）をおこなう。「密行」なので、正式な被物はおこなわない。丑刻、午前二時ころ、寺の宿坊に宿泊。子を授かる夢想がある。
九日、大和守などからご馳走が届く。門前の乞食たちに餅や酒を施す。夜、長谷寺に参籠、子刻、宿坊に帰る。
十日、長谷寺の修行者や僧などに施し物、大和守から朝夕の食事が届く。
十一日、騎馬で長谷寺を出て、椿市に着く。大和守が食事を用意している。午刻、山城国大安寺の西に着き、大安寺や興福寺の僧などがくる。ここに宿泊。
十二日、朝、泉河で船に乗り、午後二時ころ高畠に着き、午後四時ころ、帰宅。

少し長くなってしまったが、男性と女性との長谷詣での違いがよくわかる。往きは、途中の寺や神社にお参りしており、また、徒歩が多かったようで、日数がかかっている。しかし、帰りは、騎馬と船での旅で一泊二日で、京に帰り着いている。長谷寺へは、三日間参籠している。

実資の場合は、女児祈願であり、願いの中身そのものは道綱母と同じである。また「微行」「密行」と、公的な参詣ではないことも同じである。いっぽう、道綱母が乞食たちの様子に胸を打たれながらも、下衆に交わった不快感を記すのに対し、実資は施し物をすることで、自己の地位の確認をおこなうという、きわめて政治的な行為の対象として眺めている。さらに、同じ密行でも、実資の場合は、大和守の饗応や志が多く、自身も多くの施し物をしている。道綱母の場合は、ただの一女性の参詣である。長谷寺への捧げ物は持参したであろうが、実資ほど多くはあるまい。また、『小右記』には、同行の人数がうかがえる記述はないが、馬に乗り、各寺や僧侶、あるいは乞食などに多くのものを捧げており、大人数だったようである。

従来、男性貴族たちの寺社詣でが、公的な任務をもった参詣や、氏の神社や寺への参詣が多いのに対し、女性の寺社詣では、私的で身近な内容を祈願する参詣が多いことが指摘されている。同じ祈願内容で、しかも私的な密行であっても、男性の場合は、自身の就いている身分や地位に応じた規模の旅だったことがうかがえよう。

2　都と地方の交流

受領の妻や娘たちの旅

上層貴族女性の遠い旅は、奈良の初瀬、すなわち長谷寺くらいまでだった。中下級貴族女性たちの遠い旅、これは受領の夫や父に従う旅である。紫式部の娘である大弐三位藤原賢子《けんし》は、夫について九州の大宰府に赴いたことはすでにみた。母の紫式部は、父親藤原為《ため》時《とき》に従って越前国の国府武生《たけふ》にいっている。九九六（長徳二）年のことである。藤本勝義氏は、詳細な検討を加え、出立日時を六月五日と推察されている。第一日目は大津に泊まり、二日目は船で三尾《みお》ケ崎付近に停泊し、三日目は塩津で宿をとり、四日目に深坂《ふかさか》峠を越え、敦賀《つるが》に宿泊し、五日目は船で北上し杉津《すいつ》あたりで停泊、六日目に山中峠を越え、鹿蒜《かひる》あたりで泊まり、七日目に湯尾《ゆのお》峠を越え、武生の国府に入った、と推測されている。また、帰りは、九世紀にしっかりとひらかれた木ノ芽峠を通ったのではないかとされている（「紫式部の越前下向をめぐっての考察」『青山女子短期大学総合文化研究所年報』第二号）。

私も、以前、平安時代の女性史に興味をもち、勉強する高齢者も含んだ仲間たちと、琵琶湖から深坂峠を抜け、敦賀へ出て、武生（合併して越前市）にいき、紫式部を偲ぶ旅をしてきた。深坂古道は、たいへんよく整備され、途中には、紫式部や笠金村《かさのかなむら》の歌碑（『万葉集』）が建っている。この深坂古道は、塩津側の深坂地蔵入り口から、敦賀の追分まで歩いたが、緩やかな坂道で、深い緑の中に小さな渓流が流れ、当時の旅を実感できるすばらしい歴史の道であった。しかし、他の峠道のうち、何ヵ所かは、狭く険しい場所もあり、紫式部も輿《こし》から降りて歩いたと考えられている。たしかに、湯尾峠は、短い距離ではあるが、けっこう急な坂道であり、紫式部も歩いたにちがいない。なお、越前市には紫式部公園もできており、寝殿造りの庭園が造られ、現代感覚の紫式部像が建てられている。読者の方々も、ぜひ歩いてみてはいかがだろうか。

紫式部は、翌年、十月ころ、結婚のために帰京する。一年半ほどの越前滞在だった。『紫式部集』などをみると、越前への赴任そのものが、けっして心躍る旅ではなかったようである。しかし、一年ほどの越前体験は、『源氏物語』の随所に生かされているといわれる。たしかに、都と鄙《ひな》（地方、田舎）を実際に体験することにより、都の雅《みやび》がよりきわだったのではないだろうか。

赤染衛門は、夫とともに尾張へ、和泉式部は、夫とともに和泉へ、のちには丹後へ、歌人の相模は、これまた相模守の夫大江公資とともに相模へ、『更級日記』の作者菅原孝標女は父と継母、乳母たちとともに上総《かずさ》へと、受領の妻や女子たちは、長い旅をし、異郷に三、四年の間滞在したのである。

『今昔物語集』にみえる女性の旅でいちばん多いのも、受領やその従者、目代などの夫と同行する妻の旅である。右記の足跡をのこした女房たちのように、日ごろから妻だった女性が、夫と赴任するばかりではない。京に親類も父母もなく、きわめて貧しい女が、清水観音の御利益で、「京にありて心につかむ女を求めて具して下らむ」と京で妻となる女を探していた陸奥守の息子の妻となり下向する話（巻十六の九）、あるいは、朱雀院の女御に仕える女房が、常陸《ひたち》守の妻になり下向する話（巻二十四の四十二）など、男が任務をおび赴任するときに、求められて妻になり、同行する場合も多い。

そういえば、『更級日記』の作者の父と上総に同行した妻は、作者の実母である妻ではなく、女房勤めをしていた継母だった。この女性は、四年の任期を終え帰郷すると、離婚のようになり、また女房勤めを始めている。相模も同じ形だったという。貴族女性たちにとってのいちばんの長い旅は、このような中下級貴族層の受領の妻や女子たちの旅だった。

都と田舎を旅する女たち

『今昔物語集』には、庶民たちの旅も多い。男も女も都と田舎を往き来しているが、男たちの場合は、国守や同行する目代・従者、都と田舎を商いする商人、公事の使い、物資の輸送など、主として自身の仕事のために往還していることが、第一の特徴として浮かびあがる。これに対し、女の旅は、自身の主体的な行為ではなく、夫や父に従ったり、京に住み難くなり田舎へ下ったりすることの方が多い。結婚して妻になることが、女性たちの安定した生活を保障してくれたからである。しかし、夫に従って田舎へ下っても、けっして安定した生活ばかりではなかった。

『今昔物語集』巻二十四の五十話、「筑前守源道済《みちなり》の侍の妻、最後に和歌を詠みて死ぬること」は、こんな妻の話である。

筑前守が下向するとき、侍が「年来棲《すみ》ける妻《め》を京より具」した。ところが筑前の女と情交を交わし、その女に心を移してしまい、「やがて其れを妻にして、此の本《もと》の妻をば忘にけり」。本妻は夫に、もう一度一緒に住んで欲しいとはのぞまないから、「只自《おの》

国守赴任の一行。女性を伴う姿もみえる(『因幡堂薬師縁起絵巻』より。東京国立博物館所蔵) 出典:ColBase(https://colbase.nich.go.jp/)

然《ず》ら人の京に上らむに云付て、我を京に送れ」と頼んだ。ところが夫は耳をかそうともしない。「打憑《うちたのみ》て遙《はるか》に来たる夫は去りて、物食《ものくう》らむ事も不知《しらね》ば」あれこれ凌いではやりくりしていた。ところが、重い病に罹ってしまう。もうダメだと思い、京から連れてきた女童に、和歌を書いた手紙をもたせたが、侍はみたまま放って置いた。同僚がその手紙をみつけ、守に話したところ、和歌を極めた守は、本の妻を哀れみ使者を送ったが、すでに妻は死んでいた。守は情けを知らない侍からすべての職を取りあげ、今の妻にも会わせず、筑前の国から追放した。そのうえで、本の妻の葬式を出し、手厚く葬った。

のちに詳しく述べるが、家をもたない者や、親族がいない者は、葬式もされず、墓地に葬られることもなく、道ばたや河原に捨て置かれた。守が葬式を出したというのは、守の慈悲深さを際立たせる話である。

夫について田舎へ下った妻が夫に棄てられたり、離婚をいい渡され京に送り返された話も多い。夫に従っていくしかない妻たちの、きわめて悲しい旅である。

往き着いた田舎での悲劇だけではない。旅の途中でも、悲惨な出来事は多かった。中世は女の一人旅が多かったと指摘されることもあるが、『今昔物語集』の女の一人旅は危険が待ち受けている。

若い女が子どもをおんぶして山道を歩いていると、後ろから二人の乞匃《こつがい》がついてきて、女を強姦しようとする。女は、「今朝からお腹をこわしているのでちょっと用足しにいかせてください。この子どもを人質に置いておきます」とたのみこむ。許しを得た女は用足しのふりをして、一目散に逃げ出した。途中で四、五人の武士にいき合い、女はわけを話し、加勢を頼み、一緒に引き返した。ところが、無惨に引き裂かれた子どもが棄てられていた。

拙著『平安朝の母と子』(中公新書)の冒頭で取りあげた説話である(巻二十九の二十九)。編者は、

女の「子は悲しけれども、乞匃には否不近付《えちかづか》じ」と思て、子を棄てて逃たる事をぞ、此の武者共讃め感じける。

と結んでおり、子どもを犠牲にしてまでも自分の身を守った母親の行為を、武者たちは褒《ほ》め称《たた》えた、と書かれていたのである。当時の母子関係の詳細はぜひ拙著を読んでほしいが、いずれにしても、女の一人旅は危険であった。

ほかにも、女童と二人で鳥部寺に物詣でにいった貴族女性が、強姦され、女童と二人分の衣装を剝ぎ取られている（前出拙著『平安朝の女と男』）。夫と二人で京都から妻の郷里の丹波へいく途中、夫は旅の男の甘言にまんまと乗せられ、武器を取られ、木に縛られ、目の前で妻を強姦されている。男と同伴していても、旅は危険であった。

旅の道中だけでなく、騙《だま》されて旅をする女たちもいる。近江国に住む夫を亡くした四十過ぎの女は、身よりもなく、年来仕っていた男に、「しばらく山寺でゆったり落ち着いて湯浴みでもしてはいかがですか」と誘われ、ついていくと美濃国で売り飛ばされる。失意のあまり、食事も喉を通らず、七日ほどで亡くなってしまう（巻二十九の二十四）。

あるいは、京都より拐《かどわ》かされてきた女もいる（巻二十四の五十六）。このような男の旅の話はないから、やはり、身よりのない女が、厳しい旅を経験させられるのであろう。ここでもジェンダーの差別構造がうかがえる。

上京する女たち

鄙から都に見物にくる女もいる。『今昔物語集』巻二十七の十七話は、東より五位の位、すなわち栄爵《えいしゃく》を買うために上京する夫に同行し、京都見物に出てきた妻が、かつて左大臣源融《とおる》の別荘であった河原院《かわらのいん》の預り（管理人）に借りた家屋に宿ったところ、河原院の鬼に殺されてしまう話である。河原院は、霊鬼の出没が噂されていた、という説話であるが、このように田舎から京見物に上京する男女は多かったにちがいない。とりわけ、女の場合は、見物的上京が多かったと思われる。この妻の場合も、夫は五位の位を買うために上京したのであるから、間違いなく目的があった。ほかにも、前述したように、男たちは、さまざまな用向きをもち、上京している。地方に住む女たちは用向きの夫に同行するか、やはり、京見物や、京都での年中行事を見物するために上京することが多いと思われる。

『更級日記』には、そんな場面が出てくる。一〇四六（永承一）年、昨年、後冷泉天皇が即位したので、今年は大嘗祭《だいじょうさい》がおこなわれる。十月二十五日は天皇が賀茂川で禊《みそ》ぎをする御禊の日にあたっていた。この日の早朝、作者は初瀬へ出発したのである。

一代に一度の見ものにて田舎世界の人だにみるものを、月日多かり、その日しも京をふりいでて行かむもいと物狂ほしく、流れての物語ともなりぬべき事なり。

多くの人の非難を浴びながらも、夫の許可が出て、出発する。

田舎より物見に上る者ども、水の流るるやうにぞ見ゆるや。すべて道もさりあへず。物の心しりげもなき怪しの童べまで、ひきよぎて行きすぐるぞ、車を驚きあざみたること限りなし。

大嘗祭の御禊見物に、地方から大勢の人々がやってきている様子が描かれている。見物に上京する人の波をかき分け、先頭には「みあかし（御燈明）」をもたせており、「浄衣姿」の一行、二、三十人がすれちがうのである。

人々が口々に、なんでこんな日に京都を出ていくのだ、と揶揄《やゆ》するのは当然なのだろう。この作者も、道綱母に劣らず、社会を凝視しつつ、個性的な感性をもっていたようである。

平安京では、一年間の年中行事が繰り返される。たとえば、四月におこなわれる賀茂祭には、賀茂川で斎王《いつきのみこ》が禊ぎをする、斎王御禊があった。その数日後には、若い近衛中将が天皇の勅使として賀茂社に行列を組んで出かけ、奉幣する。左京一条大路を進んだので、路の両側には、貴族の桟敷が設けられ、また、民衆は土に座り見物する。

行列は、数百人の規模に達し、華美な装いが人々の目を楽しませる。地方から上京する「田舎世界」の人々にとって、野宿しつつ数日をかけても、一年に何回かの楽しい娯楽だったにちがいない。

第八章 老いて死にゆく女たち

1　平安期の病

『病草紙』の世界

『病草紙《やまいぞうし》』は、平安末に描かれた絵巻の傑作である。詞書《ことばがき》などによると、京都や大和国で見聞した奇病を、説話的な方法によって取りあげていることがうかがえる。現存する『病草紙』には、『病草紙』の一部かどうか不明なものも含めると二十二図があり、そのなかで女性が病人として描かれているのは、七例である。第四章で述べた「肥満の女」はあとに写真を載せているので眺めてほしいが、最もよく知られた部分である。以下、『日本の絵巻』（巻七、中央公論社）から、少しみてみよう。

「不眠症の女」の詞書には、

大和国葛木《かつらぎ》の下の郡《こおり》に、片岡といふ所に女あり。取り立てて痛む所なけれども、夜になれども、寝入らるることなし。夜もすがら、起き居て「何よりも侘《わび》しきことなり」とぞ言ひける。

とある。どこといってとりたてて痛いわけではないのに、寝入ることができず、夜通し起きていて、何よりもわびしい、という。

不眠症というと、現代病のようであるが、当時からあったことがうかがえる。絵は、障子で仕切った部屋の上に、畳を敷き寝ている、五人の女性が描かれている。四人はすやすやと心地よげに眠っているが、一人は茵《しとね》の上に起き出て、ぼんやりと指を折っている。時刻を数えているのであろうか。五人とも髪が長く、また、部屋の様子からして、貴族女性であり、女性たちで寝ていることからして、女房層だと思われる。恋の病であろうか、何か心配事があるのであろうか。

また、「霍乱《かくらん》の女」は、現代語訳すると次のようになる。

霍乱という病がある。はらの中が痛く、その苦痛といったら何かが刺すようである。

口より水をはき、尻より下痢をもらす。悶絶顛倒《もんぜつてんどう》して、本当に耐え難い。

絵は、小さな家の縁側から尻を出した女が、下痢をし、口からも吐いている。この女を、のびて萎《しぼ》んだ乳房もあらわな老女が顔をもち、背をさすり、介抱《かいほう》する。また、少女が口をすすぐ水の入ったお椀を差し出している。家の中では、裸で這っている赤ん坊の隣で、「主婦」とおぼしき白い単《ひとえ》を着た女が、すり鉢をこいでいる。「夕餉《ゆうげ》の支度《したく》だ」と絵巻の解説には記されているが、薬を調合しているのではないかと思われる。都市の庶民層の設定であるが、伝統的に受け継いだ薬草をもとにした薬を用意できたのではなかろうか。

霍乱は、「しりよりくちよりこくやまひ」とも呼ばれ、猛烈な腹痛・下痢・嘔吐《おうと》を催す急性胃腸炎だそうである。これなど、今とまったく同じである。

もう一つあげてみよう。「口臭《こうしゅう》のひどい女」がある。

宮に女がいた。見目貌《かたち》、髪姿はうつくしいので、ある人が雑仕《ぞうし》に使っていた。他所からやってきてこの女をみた男が、恋心をいだき逢ったけれど、息の香が、あまりにも臭くて近づくことができないので、鼻を塞《ふさ》いで逃げた。いっしょに居る人たちも、傍《かたわ》

あくどい高利貸しをして財をなしたものの美食が災いして太りすぎた女性（『病草紙』より。福岡市美術館所蔵）画像提供：福岡市美術館/DNPartcom、撮影：山﨑信一

口臭のひどい女（『病草紙』より。京都国立博物館所蔵）出典：ColBase（https://colbase.nich.go.jp/）

らに寄る人は、臭さに耐え難かった。

紅梅襲《こうばいがさね》の小袿《こうちぎ》を着る女が、お歯黒をした口を開けて、楊枝《ようじ》を使っている。対座する二人の女のうち一人は、袖を口にあてて口臭を防いでいる。

美人なのに、口臭が強くては、男も近寄らない。楊枝を使うのは当時の歯磨きである。歯磨きをしているのに、口が臭いのは、内臓の病気であろう。胃炎、あるいは腐敗性気管支炎などが指摘されているが、口臭の病は、『医心方《いしんぼう》』にもあり、当時多かったようで、おそらく慢性胃炎による酵素性の口臭であろうとされている。

ほかにも、「白子の女」「顔に痣《あざ》のある女」「雀目《とりめ》の女」などが女性の絵である。男の場合は、「痔瘻《じろう》の男」「二形《ふたなり》（両性具有）の男」「歯槽膿漏《しそうのうろう》を病む男」「風病《ふうびょう》に悩む男」「白内《はくない》障《しょう》の男」「赤鼻《あかはな》の父子」などが描かれている。

都市と病

十世紀になると、平安京は、定住する庶民層が多くなり、都市として成長する。それゆえに、多くの問題も生じてくる。その一つが、衛生の問題である。飲料水、排泄物の処理、どれをとっても多くの人々が密集する都市には欠かせない問題であった。一度、伝染性の病気が流行《はや》ると、たちまちのうちに貴族から下層庶民までをむしばんでいく。九九四（正暦五）年、鎮西より起こった疱瘡《もがさ》が、四月から七月の間にとくに大流行した。

京師の死者半に過ぐる。五位以上六十七人なり。

（『日本紀略』七月条）

京都の半分の人々が死亡した、とある。もちろん誇張した記述であろうが、大勢の人々が罹り、死亡したことは間違いない。「もがさ」は、今日の疱瘡《ほうそう》のことで、天然痘の別称である。奈良時代以来、頻繁に流行した。

『栄花物語』巻十六にもその様子が記されている。

「今年はもがさといふもの起こるだろう」といって、筑紫の方では、「旧年から皆病んでいた」など噂が聞こえてきた。最近流行ってから後、二十余年たったのだから、罹っていない人が多いので、公私ともたいへん恐ろしい、と警戒していた。

（『栄花物語』巻十六）

これは、一〇二〇（寛仁四）年の疱瘡を記した箇所である。参議左大弁源経頼《つねより》の日記『左経記《さけいき》』同年三月条には、

上下の道俗男女二十八已下の者多く病悩す。裳瘡《もがさ》と称す。

とある。当時は数え年だから、二十八年前とは、先に記した九九四（正暦五）の大流行を指している。当時の人々は、疱瘡は一度罹ったら免疫ができ、二度と罹らないということを、体験的に学び取っていたことがうかがえよう。

疱瘡と同じように流行したのは、赤斑瘡《あかもがさ》と呼ばれた麻疹《はしか》である。これも一定期間をおいて、都市に大流行した。「疱瘡は面定め、麻疹は命定め」という俗諺《ぞくげん》があるように、疱瘡のあとには、あばたがのこった。必ず一度罹るから、その軽重によって、あばたの多少があったのであろう。平安美人は大なり小なり「あばた美人」だったのである。疱瘡も赤斑瘡も、いちばんの被害者は、すでに述べたように、妊娠中の女性たちだった。さほど動か

ない平安貴族女性にとって、妊娠は大仕事であるし、また、連年の妊娠出産は、さらに体力を消耗させていた。

「もののけ」の病

もう一つ、都市貴族特有の病、とりわけ貴族女性にとっての特有の病は、「もののけ」による病である。『栄花物語』『源氏物語』などにしばしば出てくるが、物語以外の記録類にも、きわめて多い。その筆頭は、大納言藤原元方《もとかた》と、村上天皇の女御で、元方の娘祐姫《すけひめ》の「もののけ」による病である。祐姫は、村上天皇の第一皇子、広平《ひろひら》親王を産んだ。九五〇(天暦四)年のことである。元方も祐姫も、当然第一皇子が皇太子になると思っていた。ところが、同じ年、右大臣師輔《もろすけ》の娘安子《あんし》が第二皇子憲平《のりひら》親王を産んだのである。

結局、生まれて三月しかたたないのに、憲平親王が皇太子にたてられる。元方は恨みつつ死去し、その霊が「もののけ」になり、娘祐姫にも、孫広平親王にも及び、二人を死去せしめる。以後、安子にも、村上天皇にも祟《たた》り、ついに天皇も「もののけ」のために亡くなった。それだけではない。憲平親王が冷泉天皇として即位すると、冷泉天皇の女御で師輔の孫超子《ちょうし》も祟り殺す。さらに、冷泉天皇の狂気ばかりでなく、その皇子の花山天皇、三条天皇にも祟った、と『栄花物語』は語っている。
また実際にも、冷泉天皇の同母弟、円融上皇自身、病の床で、次のように語っている。

御自ら称せしめ給ひていはく、「元方卿の霊なり」。

（『小右記』寛和元年八月二十七日）

創作部分が多い物語ではなく、当時の日記であるから信憑性はきわめて高い。円融上皇自身で、ほんとうに、霊に取り憑かれた、と思っていたのである。結局、上皇は翌日出家する。

なんともすさまじい恨みであるが、もちろんこれは、祟りと考える方に問題がある。ということは、元方の無念さに人々は同情し、いっぽう、祟られた本人たちの心性にも、加害性を認める気持ち、自己呵責《じこかしゃく》があったからにほかならない。いわば、社会的ノイローゼである。しかも、貴族社会全体に認識されていたからこそ、実際に病になり、物語にも頻出するのである。

このように、恨みをもって亡くなった死霊や生き霊が、恨む相手に取り憑《つ》き、病や死に至らせることを、「もののけ」による病、といった。「もののけ」は、邪気とか霊気、霊などともいわれた。病理的には、神経衰弱、ヒステリー、恐怖観念を伴う変質性精神病であるという（服部敏良『平安時代医療史の研究』吉川弘文館）。

「もののけ」が映す世相

ただし、嫉妬に悩まされ、夫の愛の独占を常に願っていた『蜻蛉日記』には、「もののけ」も生き霊も出てこない。むしろ、「もののけ」、生き霊が、跳梁跋扈《ちょうりょうばっこ》するのは、『源氏物語』である。光源氏の愛を求め、生き霊になり、光源氏の正妻葵上に祟る六条御息所《ろくじょうのみやすんどころ》は凄絶《せいぜつ》である。しかも、葵上に祟った生き霊が自分であるとの噂に悩む。物思いが激しいと魂が体から抜けて、相手の所にいくと信じられていた。葵上の屋敷で「もののけ」を追い出す芥子《けし》焼という呪法をおこなったが、自分の体にその香が染みついていると思い込み悩むところなど、悲惨という以外ない。

このように、物語や史料に、「もののけ」が頻出するようになるのは、十世紀後期である。それ以前にも政治的な陰謀などによって失脚した者の霊が、天皇やその一族に祟り、その霊を鎮めるために御霊会《ごりょうえ》がおこなわれ、それが平安京の祭になっていった。今も続くのが七月の祇園祭《ぎおんまつり》である。このような政治的失脚者の霊による祟りが、十世紀後半には、日常的な内容にまで及び、貴族層全体に蔓延《まんえん》していったのである。

『紫式部日記』には、すでに述べたように、彰子が敦成親王を出産する場面が詳しく書かれていた。紫式部自身が、出産の場におり、そこで「よりまし」に寄りつく「もののけ」の絞り出すような声を聞いていた。その様な経験が生かされているのであろう。「よりまし」は、ふつう病人や産婦の侍女、小童、近親者などがなったそうである。病人や産婦のことをよく知る人物だから、誰が「もののけ」になるか、なりそうか、を推測することができる。「もののけ」が寄りつくと、自ら「もののけ」になり、恨みの数々を述べる。「もののけ」が修法の力で調伏《ちょうぶく》され、病人の体から出ていくにしても、「よりまし」の口をついて出た数々の言葉は、逆に病人を呪縛することにもなる。

「もののけ」は、体力の劣った病人や産婦によりつくから、なおさら病気を悪化させ、死にいたらしめる。御簾の外にあまり出ず、自己主張を抑えられ、相談する相手もさほどいない上層貴族女性たちが、このような病に罹る背景こそ、十世紀後期の貴族社会を反映しているのである。

家から追い出される重病人

頼りになる父母や兄弟姉妹をもった貴族女性の場合、病気に罹ると、医師《くすし》の往診を受け、親族や女房・女童等に手厚く看病され、密教による呪法で病気を治すと信じられていた加持祈禱《かじきとう》による修法を受けることができた。当時としては最新の医療を享受することができたのである。しかし、たよる親族がいない貴族女性や、庶民女性は、過酷な境遇におかれる。とりわけ、老女や女童はたいへんな受難をこうむる。女童の話をみてみよう。

九四二（天慶五）年五月四日のことである。左近衛府中将の宿舎の下女が、早朝、犬三、四頭が、死んだ童を食べているのをみつける。その童は胸の上と頭はあるが手足はすでにない。そこに天皇の乳母橘光子が泊まっており、死体のことを知らないで参内してしまっていた。さあ大変！　死の穢《けがれ》が内裏に伝染してしまう。大騒ぎである。調べてみると、死体の主がわかった。

厨《くりや》の下女が、病だったので外に出されたが、亡くなってしまった。その下女には、年十歳ばかりの女童がいたが、日ごろ頼るところがなく、厨のあたりを離れずに、毎日物乞いをしていた。しかし、最近この童は、日を逐《お》って憔悴《しょうすい》し、少し死相があらわれ始めた。よって、昨日、逐《お》い出したが、なお内教坊《ないきょうぼう》の南門に留まっていた。今朝になって、この童をみていない。おそらくは、あの童が夜中に敷地に入ってきて、死んで臥していたところ、犬に食われてしまったのではないか、という。

（『本朝世紀』）

官庁街の厨に住み込みで仕えていた下女が病気になり、童とともに追い出され、下女は死亡する。童はしかたなく物乞をして食べていたが、食も充分でなく、童もまた死んでしまった。死体は犬に食われたのである。

九世紀、平安京から、捨て子が始まり、このようなストリートチルドレンは多かったのかもしれない（拙著『平安朝の母と子』）。

このような悲劇はけっして特殊ではなかった。先にみた九九四（正暦五）年の疱瘡大流行の際には、次のような宣旨が出されている。

京中の路頭に借（仮）屋を構え、筵《むしろ》や薦《こも》で覆い、病人を出し置く。或いは空車に乗せ、或いは薬王寺《やくおうじ》に運送すと云々。しからば死亡の者多く路頭に満ち、往還の過客《かきゃく》鼻をおい之を過ぎ、鳥犬飽食《ほうしょく》し、骸骨《がいこつ》は巷《ちまた》を塞《ふさ》ぐ。

（『本朝世紀』正暦五年四月二十四日条）

さらに、五月三日には、京の堀水を死体が塞ぎ水が流れないので、死体を掻き流すようにとの命令も出されている。

ひとたび伝染病が流行ると、河原のみならず道路の周辺にまで死体が散乱する。貴族や豪族の家に仕えている人々は、重病人になると外に出され、そのまま亡くなり、葬送されることも、埋葬されることもなく、放置される実態がうかがえる。なぜ、重病人が、屋敷の外の仮屋や空車に出されたのだろうか。それは、死者が出ると屋敷が穢れるからである。葬送については、後にみることにしたいが、身よりのない、人に仕えている重病人は路頭に出され、死を待つ以外なかったのである。

2　老女の生活・尼削ぎ

老女のまなざし

元気で長生きできれば、自身の特技を生かし、生活できていたことは、佐理の娘が、九十余歳で書を書いた例や、歌合の和歌をたのまれた赤染衛門などの例からうかがえた。彼女たちのような長寿をまっとうした女性たちはけっこう多い。

成尋《じょうじん》の母もそんな一人である。先に引いたことのある『成尋阿闍梨母集』の作者が、歌集を編み始めたのは、八十歳を過ぎた年であった。

「をかしうもあやしきも」数知らず体験したけれど、それを記そうとは思わなかった。ところが、八十歳ころになって、世にたぐいない悲しいことにあい、どうしても書き付けたい衝動にかられた。

と冒頭部分に記している。自分の一生を振り返ることで、最愛の、自慢の息子成尋の、宋への出立と別離の悲しみを乗り越えたい、との意志である。いわば、「自分史」の執筆宣言である。書き出しの仁和寺移住は、一〇七一（延久三）年のことであるが、この年八十四歳である。十世紀の末に生まれたことになり、上東門院彰子と同じ年齢である。ちなみに、彰子は、いまだ健在だった。ここでも、自身の人生を振り返ることにより、自分を突き放して眺め、苦悩から抜け出す道を選んだ女性たちが存在したことがうかがえる。

成尋母は八十歳を過ぎており、嫗《おうな》、すなわち老女の年齢だった。では、老女とは、何歳くらいから自覚され、あるいは人々に認識されるのであろうか。『源氏物語』では、光源氏の愛人の一人、源典侍《げんのないしのすけ》は、

年いたう老いたる典侍、人もやむごとなく、心ばせありて、あてにおぼえ高くはありながら、いみじうあだめいたる心様にて、そなたには重からぬあるを、かうさだ過ぐるまで、などさしもみだるらむ

（『源氏物語』紅葉賀）

歳取った典侍、人柄も歴として才覚があり、上品で声望もありながら、ひどく浮気な性

格で、好色の方面には重くない女がいるのを、こんなに歳取るまで、どうしてそうなのであろうかと、光源氏は思った、という。源典侍である。別な箇所では、

五十七八の人

とされている。源典侍は五十七、八歳だった。たいそう歳取った女性とされ、若い光源氏を本気で恋し、宮中の神鏡を祀った賢所《かしこどころ》がある温明殿《うんめいでん》で、光源氏と性愛関係をもつ人物設定である。温明殿での性行為そのものは、王権のもつ性の意味をきわだたせてくれるが、それはともかく、五十七、八歳の女性が「年いたう老いたる」女であり、性愛におぼれることが、揶揄の対象であった。

いっぽう、若紫を育てていたのは、美しい尼であったが、

四十余ばかりにて、いと白うあてに、痩せたれど、頬《つら》つきふくよかに、

(『源氏物語』若紫)

とあり、四十余歳ですでに老女とされている。四十歳を過ぎれば、もう老齢の域に達したとみられていたのである。

では、自分自身では何歳くらいで歳を取ったと考えるのだろうか。当時の言葉で「さだ過ぎ」という言葉があった。「さだ」とは、時期、機会という意味をもっているが、「過ぎ」が付くことによって、「盛りの年を過ぎる、老いる」などの意味に使われるようになる。

いとさだ過ぎ、ふるぶるしき人の、髪なども我がにはあらねばにや、ところどころわななきちりぼひて、

（『枕草子』）

これは、清少納言が自身のことを述べた箇所である。日ごろから憧れている貴公子斉信から、性愛関係へのプロポーズをそれとなく受けているところである。このとき、清少納言は三十一歳前後、とうてい老女ではない。ただし、盛りを過ぎる年齢とは、自身の髪ではない付け髷を必要とする年齢のようである。

むとくなるもの……髪短き人の、かづらとりおろして髪けづるほど。

（『枕草子』）

「むとくなるもの」、無体裁でさまにならぬもの。髪の毛の短い人が、かぶっていた添髪をとりはずして髪を整えるありさま、という。女性の髪は、御簾の中にいてあまり人目にふれることのない容貌よりも大切な身体表現だった。

添髪を付ける年齢になると、自身も世間も、「さだ過ぎ」た女性と認め、年齢にあった行動をすることが要求されていた。自身の老いを、自身で認識しなければならなかったのである。

性愛からの卒業

「さだ過ぎた」女たちのおこなうべきこと、それは女からの卒業である。貴族層も庶民層も、結婚して、同居の正妻となるのが、いちばんの生活の安定だった。しかし、その妻も老女になると、女の役割から卒業する。その一つが「床去り」である。

年ごろあひ馴《な》れたる妻、やうやう床《とこ》はなれて、つひに尼になりて、姉のさきだちてなりたる所へゆくを、男、まことにむつまじきことこそなかりけれ、今はとゆくを、いとあはれと思ひけれど、貧しければするわざもなかりけり。

（『伊勢物語』十六段）

男は、紀有常《きのありつね》とされている。有常は、八七七（元慶一）年、六十三歳で没しているから、九世紀の設定であるが、「床去り」そのものは十世紀ころ始まるのではないかと思われる。男が「友だち」に贈ったという歌が続く。

手をおりて　あひ見しことを　かぞふれば　十といひつつ　四つは経にけり
（指を折ってともに暮らした年月を数えてみますと、四十年にもなっていました）

「床去り」をして、尼となった妻は、六十歳前後であろう。娘を在原業平の妻にしているが、この女性との娘であろうか。妻がある一定の年齢になると、床を離れ、尼になることがうかがえる。

このように、夫が生きているのに、しかも夫は僧になっていないのに出家して尼になる妻たちは、この時代には多くなっていた。妻役割からの卒業ではないかとされている（勝浦令子『女の信心』平凡社選書）。「床去り」は、性関係からの卒業だった。『源氏物語』に登場する多くの女性たちの出家姿をみればわかるように、貴族女性の場合、尼になると、性愛関係はいっさいタブーだった。もっとも、尼になっても、有常の妻のように夫と同居していた家屋から出ていく場合は少なく、むしろ尼削ぎ姿で同じ屋敷で暮らす方が多かった。

「床去り」は、下級貴族層でもおこなわれていた。『大鏡』では、語り手として登場する世継ぎが、老妻とこんな会話をかわしている。

老妻「大宮彰子さまが受戒なさるとき、私も白髪をそり落として尼になりたいと思いますよ」

世継「止めたりしないけど、おまえが出家したら、若い女をさがしてきて、私にあてがってくれなければね」

老妻「では、私の姪に今から話をつけておきましょう。まったくの他人を迎えても具合悪いですからね」
世継「とんでもないよ。今のは冗談だよ。親類でも他人でも、この歳になっていまさら、愛情の薄い女を、そばに置いたりしないよ」

長年つれそった夫婦の会話は、なんともほほえましい。

やうやう裳・袈裟《けさ》などのもうけに、よき絹一、二疋求めまうけはべる。

と続くから、庶民層でも老齢になったら出家し、「床去り」をすることが多くなっていたのであろう。
だから、歳取った女が妊娠したりすると、非難される。「年取った女が妊娠して大きな腹をして、息をきらしながらあえいで歩いているのも、まことに似つかわしくない」。『枕草子』である。相当歳上の女が、若い夫をもったこと自体見苦しいのに、その夫が他の女のもとに通ったからと腹をたてているのなど、もっとみっともない、と非難する。髪の毛が少なくなり、縮れ、添髪が必要となったり、白髪が混じるようになると、年齢を自覚し、性愛からも卒業すること、これが女たちに要求されていた。男の場合、高齢でも子どもを産ませる能力を高く評価されるのに、女の場合、歳を取ると性愛行為を示すものは、同性からも非難の対象となるのである。まさに、非対称の性愛認識、性愛へのジェンダーが定着するのである。

実際にも、十一世紀初頭に活躍した公卿、藤原公任《きんとう》の北の方は、長女が道長の息子教通と結婚した一〇一三（長和二）年には、すでに尼になっている。昭平《あきひら》親王の娘であり、最上層貴族に属する女性である。生没年はわからないが、結婚したのは九九〇（正暦一）年のことであるから、二十歳前後で結婚したとしても、四十歳前後で、夫はまだ元気で出家もしていないのに、自身は尼になっている。四十余歳である。公任は、他の若い女性と結婚したわけではなく、尼の妻とともに四条宮で生活しており、妻である尼も娘の結婚や出産に心を砕きかかわっている。尼になったからといって、けっして世俗のことがらから引退したわけではない。仏教への帰依という精神的平安と、性愛からの卒業が、尼削ぎの大きな要因と思われる。

3　死と葬送

恵まれた葬式

現在では、大多数の人が、親族や友人たちに、別れの式、すなわち告別式、お葬式を出してもらっている。もちろん、本人や親族の意志で、密葬をおこなったり、式そのものをまったくおこなわない場合もある。その場合でも、本人の意志が大きな割合を占めていよう。しかし、この時代、本人の意志にはかかわらず、葬式を出してもらえること自体、恵まれていたのである。まずは、恵まれた葬式を眺めてみることとしたい。

一〇二五（万寿二）年八月三日、尚侍《ないしのかみ》だった道長の娘嬉子は、東宮敦良親王の子ども親《ちか》仁《ひと》親王（後の後冷泉天皇）を出産するが、五日に亡くなってしまう。この年は、赤斑瘡、すなわち麻疹が大流行して、多くの死者が出ていた。妊婦だった嬉子も赤斑瘡に罹っていたが、七月二十九日には、瘡《かさ》が出て熱も下がり、赤斑瘡そのものは治っていた。しかし、体力的には回復できる時間はなかったようで、出産後に亡くなったのである。このときも、「堀河の大臣（顕光《あきみつ》）・女御（延子）、さし続きてののし」っていた。延子は、道長によって皇太子から引きずりおろされた小一条院の皇太子時代の女御であり、道長の娘寛子に小一条院を奪われている。寛子もすでにこの「もののけ」に取り殺されていた。顕光にしても、将来の天皇の外戚になる地位を奪われたのであるから、恨みは強い。この父子は、道長一家に「もののけ」として盛んに祟っている。人々も顕光父子の無念さに同情したのである。

故堀河左府（顕光）ならびに院（小一条院）・母（娍子）・院御息所（延子）の霊の吐く所の詞、一家尤《もっと》も怖畏《ふい》有りと云々。種々陳ぶる所、皆道理有りと云々。

（『小右記』万寿二年八月八日条）

右大臣実資も「道理有り」と、「もののけ」の主張を正当と考えている。

いっぽう、体力のない体で、出産という体力を消耗する大仕事を果たしている耳元で、顕光や娘の「もののけ」が声を張り上げ、ののしっているのを聞く嬉子自身の、精神的打撃は強いはずである。

さて、嬉子が亡くなった日の出来事である。

去る五日夜、尚侍殿薨じる時、播磨守泰通《やすみち》朝臣の仰せにより、上東門東の対に上り、尚侍殿の御衣をもって魂喚《たまよび》を修す。

（『左経記』万寿二年八月二十三日条）

死んだ嬉子の衣をもって、屋根の上に上り、魂を招くという魂喚をおこなっている。魂喚の言葉は、名前を呼び、「その魂かえれ」と連呼する、という。実資は「近代聞かざることなり」と書いており、慣例となっていたわけではないようである。陰陽師たちが、道長の歓心を買うために、漢籍からみつけだし、おこなったようである。

嬉子の亡骸《なきがら》は、六日子の刻、入棺し、法興院に移された。車の後を、道長や頼通の兄弟たちが藁沓《わらくつ》を履いてついていく。関白ともあろうものが、兄弟姉妹の葬式に従うとは前代未聞だとされている。十日には、倫子も法興院にいっている。十五日に葬送がおこなわれ、船岡で火葬にされる。十六日、嬉子の乳母子である範基《のりもと》がお骨を首に懸け、藤原氏の一門墓地である木幡《こはた》に持参して埋葬した。

死去してから、墓地に葬られるまで、十日あまりを要している。死去から葬送、埋葬まで、あるいは埋葬の仕方も、ときに応じて違っていた。東三条院詮子は、死去後二日目に葬送がおこなわれ、火葬にされ、翌日には埋葬されている。しかし、一条天皇の皇后定子は、十日ほど後に葬送がおこなわれ、安置していた霊屋を築土で囲み、そのままにしている。いわゆる土葬である。ただし、貴族層の場合は、火葬の方が多かった。

棄てられる死体

前に指摘したように、頼りになる親族をもたない場合、重病になると、家から出され、路の辺や河原、広場、墓地などに出され、そのまま死亡することが多かった。貴族女性とて同じである。『今昔物語集』巻三十一の三十話には、追い出された老母の話がある。

男などもせでなむ有ける。

風流な歌詠みの女性がいた。正式な結婚をしていなかったが、子どもが二、三人いた。どれも「不覚の者」で、京から出ていて母親の面倒をみなかった。尾張守が面倒をみていたが、年老て衰《おとろへ》ければ、尼に成りにけるに、後には、尾張の守も問はず成にけり。

最後は兄のもとにいて面倒をみてもらっていた。ところが、重病になってしまったので、家から追い出され、ついに、

鳥部野《とりべの》に行き、浄げなる高麗端《こうらいべり》の畳を敷き、

ここで死亡している。鳥部野（京都東山山麓にあった火葬場）は、当時の葬送の場であり、火葬場でもあった。兄が追い出すとき高麗端（白地に黒く雲形・菊花などの模様を織り出した畳の縁）の畳を持参し、敷かせたとあるから、貴族層で、しかも中級以上の女性と推測される。子どもがいるから男性との性愛関係をもっていたことは間違いないが、「男などもせでなむ有ける」とあるから、正式な妻ではなく、ときどき通う男だったのであろう。子どもがいても、かならずしも老後の面倒をみてくれないから、けっして安穏な生活ではなかった。もちろん、葬送など思うべくもなく、墓地にそのまま放置され、犬や烏の餌にな

るのである。

葬送をおこなってもらえるのは、家をもっている者たちだった。女性の場合、家をもつ正式の夫がいる場合は心強かった。しかし、上層貴族の女性でも、父母が亡くなり、兄弟も面倒をみてくれず、女房や従者がいなくなり、ついに落ちぶれて亡くなってしまうと、葬送はしてもらえない。このような説話は、『今昔物語集』には、枚挙にいとまがない。たとえば、芥川龍之介の『羅生門』のヒントになった説話は、羅城門の上で、かつての女房だった老婆が姫君の死体から髪を抜いている場面が出てくる話である。これなど、その典型である。

重病で追い出されたり、葬送されない死体が出てくる説話や史料は、女性の場合が多いことが指摘されている（西山良平「平安京の女性・性・生命」『「性を考える」わたしたちの講義』世界思想社）。ただし、先にみた、疱瘡で重病人が道路に満ちている史料からして、女性たちだけだったはずはない。女性の方が多く、悲惨さがましたゆえに説話になるのであろう。男女ともに、頼りになる親族や主をもたぬ者は、葬送からも疎外され、放置される実態だったのである。

夫婦別墓

道長と正妻倫子は、日常生活においても、一緒に内裏にいき、天皇のキサキになった子どもたちの世話をしたり、春日社、石山寺、清水寺など多くの寺社にともに参詣しており、祭見物なども同じ桟敷でみることが多かった。道長の日記『御堂関白記』には、そのような史料がたいへん多い。次妻明子が道長と同行することは、ほとんど記されていない。ところが、こんなに仲が良かった夫婦だったにもかかわらず、死後の場所は別だった。十二世紀に、摂関家藤原忠実の談話を記した『中外抄』に次のような文章がある。

我(忠実)先年、故殿(師実)の御共に、法輪寺《ほうりんじ》に参りし時、小松の有りしに、馬を打ち寄せて、手を掛けむとせしかば、故殿の仰せていはく、あれは鷹司殿《たかつかさどの》(倫子)の御葬所なり。そもそも墓所には御骨を置く所なり。所放なり。葬所は、烏呼《おこ》事なり。又骨をば、先祖の骨置所に置けば、子孫の繁昌するなり。鷹司殿の骨をば、雅信大臣の骨の所に置きて後、繁昌すと云々。

雅信は倫子の父であり、源氏である。倫子も源氏である。当時は、夫婦別姓だった。雅信は、源氏の一門寺である仁和寺の北の墓地に埋葬された。当時、火葬をした所を葬所といい、墓地的な認識があり、そこにも土が盛られ標《しるし》があった。また、骨は別の場所に埋葬し、そこが骨置所であり、墓地だった。師実《もろざね》が生きた十一世紀の後期には、骨を埋葬した墓地こそが、墓参の対象となりつつあったことがうかがえる。

倫子の骨も、父雅信と一緒の墓地に葬られた。しかも、出身の一門墓に葬られると、その子孫は繁栄するという。のちに繁栄した、というのは自分たちのことである。道長―頼通―師実―師通―忠実と繫がってきた家系だったから、師実にとって、倫子は祖母だった。源氏である祖母の子孫だという認識が二人にあったのである。

さて、では夫であった藤原道長はどこに葬られたのであろうか。『栄花物語』巻三十には、道長の葬送について、次のように記されている。

さて、よろづに悲しくて、暁方《あかつきがた》にぞ、殿ばら・さべき僧など集まりて、御骨拾はせ給て、瓶《かめ》に入れて、右中弁章信《のりのぶ》懸けて奉りて、定基僧都もろともに木幡《こはた》に率ひて奉りつ。

道長は、背に腫《は》れ物ができ、壮絶な苦痛のもと一〇二七（万寿四）年十二月四日に、亡くなった。六十二歳だった。七日には、鳥部野で火葬にされ、八日の早朝、皆で骨を拾い、瓶に入れ、それを章信が首に懸けて、木幡にもっていき、そこに骨を埋葬したのである。

木幡は、藤原基経に始まる子孫一門の墓地だった（拙著『家成立史の研究――祖先祭祀・女・こども』校倉書房）。道長の骨は、藤原氏一門の墓地である木幡に埋葬されたのである。貴族層たちは、十世紀から始まる各氏の一門墓地に埋葬されることが多かった。夫婦でも、別氏であったり、同じ氏でも別の一門だったりした場合、別の墓地であり、別墓だったのである。さらに、十世紀ころから父母などの祖先の墓にお参りする墓参が、貴族層から始まる。

葬送のかたち

庶民層は、裕福な場合は火葬だったとしても、土葬の方が多かったと推測される。土葬の上に木の卒塔婆《そとば》を建て、墓地の目印にしたであろうが、墓参などの慣習はまだ成立していなかったと思われる。

また、貴族層の場合でも、散骨《さんこつ》されることがあり、骨を納める墓地がなかったこともあった。行成の妻の場合も散骨されている。一〇〇二（長保四）年十月十六日、二十七歳の妻は、出産の二日後、生まれたばかりの女児とともに亡くなってしまう。九八九（永延三）年八月十一日以来、足掛け十四年間に、七人の子どもを産み、三人亡くなった、と記されている。妻は十四歳で結婚したことになる。結婚した日付まで記しており、これが通い始めた日か、あるいは結婚披露宴である露顕《ところあらわし》の日か、なかなか興味深いが、たいへん仲むつまじかったようで、「悲慟《ひどう》の極み」と悲嘆している。十七日、鳥部野で火葬にされた。翌日の記事である。

寅の剋ばかり、葬送処より白川に向かう。亡者の骨粉を流すなり。釈貞これを持ち、順闍梨光明真言を加持す。往生の菩提を念ずと雖も、愁憂極まりなし。

（『権記』）

浄土教に帰依していた行成は、妻の骨を白川に流したのである。こののちも、妻の忌日には、法華経を講読させており、仏教的法事はおこなっている。しかし、妻の骨を埋めた墓地はなく、行成が墓参している史料はない。墓参は、まだ貴族層全体に浸透してはいないのである。

夫婦別墓、散骨など、現代の墓地問題で提唱されている事項でもある。墓地のあり方も、葬送のあり方も、墓参もまた、歴史的に変化していく文化である。今後どのように変化していくのであろうか。

終章　家の成立と女性

「摂関時代」の女性たち

平安時代の半ばころ、およそ十世紀から十一世紀の半ばころまでの時代に焦点をあて、貴族から庶民までの、主として平安京内に生きた女性たちをみてきた。この時代は、貴族層から庶民層まで、生活や経営の単位としての家が成立しつつあり、十一世紀末の院政期には、どの階層にもある程度安定した家が、ほぼできあがった。何度も引用してきた、十二世紀初頭成立の『今昔物語集』には、「家おおきに富み」とか、あるいは「家貧しくて」など、家が富むとか貧しいとかの表現が多く、家がどの階層にも存在したことが記されている。

家の成立途上である平安中期は、男女対等に近かった九世紀ころまでの女性の社会的立場ものこっていた。いっぽうで、男性優位の家父長制的な家の影響もあり、男性に従属し始める時期だった。いわば、古代的な男女対等な社会的認識を反映した女性たちが、最後の光芒を放った時代でもあった。

政治的には、八世紀には、男性天皇と女性天皇とは、ほぼ半々だった。この女性の天皇たちについては、従来、天皇候補者が幼かったり、あるいはいなかったりと、男性天皇のいない際の、いわば中継ぎ天皇であり、実際の権力は側近の男性が握っていた、とされることが多かった。しかし、譲位して天皇の位を淳仁《じゅんにん》天皇に譲っても、軍事大権と人事権を放さず、ついに淳仁天皇を追放し、自身が重祚《ちょうそ》した称徳《しょうとく》（最初は孝謙《こうけん》）天皇をみてもわかるように、女性の天皇でも、権力は天皇である自身がもっており、しかも強大であった。

ところが、八世紀初頭に成立した法律「大宝律令」は、男性優位が定着していた中国の律令を受け入れたものであり、女性を政治の場から大幅に排除する規定だった。

それでも、八世紀の奈良時代には、日本のそれまでの伝統がのこっており、女性は朝廷の場で、ある程度重要な役割を果たしていた。たとえば、奈良時代中期の聖武天皇のキサキ光明《こうみょう》皇后は、天皇の居る内裏とは別の場所に皇后宮を営み、皇后宮職《こうごうぐうしき》という大きな独立した役所をもっていた。今の法華寺《ほっけじ》がその場所である。「後《しりえ》の政《まつりごと》」をおこなう大きな政治的発言権をもっていたのである。ところが、長岡京《ながおかきょう》の内裏では、内裏の中に皇后の居所が造られるようになる。さらに、平安時代初頭、九世紀前期の嵯峨天皇のキサキ橘嘉智子《かちこ》皇后、いわゆる壇林《だんりん》皇后は、内裏内に居所をもち、皇后宮職の役所が設置されても、役人の多くは天皇の内政機関などから出向された者であり、光明皇后と比べると、役所の場所も、組織も、人数も、大きく後退しているようすがはっきりとうかがえる。

ただし、今度は、天皇の母として、すなわち「国母《こくも》」として、発言権を行使するようになる。天皇家でも親子関係が重視されるようになり、上皇である父親が死亡したり、病気になったりした場合、国母が大きな力をもつのである。嵯峨天皇が亡くなったあと、橘嘉智子皇后が大きな力を振るったことはよく知られている。

十世紀には、醍醐天皇の皇后だった穏子《おんし》は、朱雀《すざく》天皇に譲位をせまり、村上天皇を即位させたし、一条天皇の母親で、はじめての女院、東三条院詮子は、一条天皇に夜通しせまり、内覧《ないらん》の地位を弟道長に与えるよう強要し、実現させている。後一条天皇と後朱雀天皇の母親である上東門院彰子は、二十四歳で夫一条天皇を亡くしたが、その後六十年余にわたり、後宮で君臨し、頼通のあとには教通を摂政にするなど、政治的に大きな力を振るっている（拙著『藤原彰子』吉川弘文館）。道長が大きな力を発揮できたのは、よく知られているように、一条天皇の叔父であり、後一条天皇の国母彰子の父、すなわち天皇の外祖父だったからである。

九世紀中ごろから十世紀初めは、ちょうど家が生まれ始める時期であった。天皇家の中では、女性は当主的地位にはたてなくなった、つまり天皇にはなれなくなったものの、母としての力を発揮するようになるのである。

貴族の女性も、同じような歩みがみられる。奈良時代から九世紀初頭にかけては、朝廷の中で、女性は政治的役割を果たしていた。たとえば、後宮十二司の内侍司は、天皇の秘書官的役割を果たしていた。その長官である尚侍《ないしのかみ》は、九世紀初頭まで、実際に天皇の重要な政治的命令を男性の官人に伝えたり、そのための文書を出したりしていた。いつの時代でも権力者の側近である秘書官は、たいへん重要な役割を果たすものである。ところが、九世紀中ごろから、男性の秘書官庁である蔵人所がつくられ、その長官蔵人頭《くろうどのとう》が天皇の側近として力を発揮するようになると、女性の秘書官は次第に、身の回りの雑用を果たすようになっていく。ついに、十世紀になると、天皇のキサキ的役割や、次期天皇のキサキになるための役職になっていくことは、すでにみたところである。

女官たちも、奈良時代から平安初期には、有力貴族の妻や姉妹たちが上層部にいることが多かった。たとえば、右大臣藤原不比等《ふひと》の妻は正三位　橘　三千代《たちばなのみちよ》であり、二人の間の娘が光明皇后であることはたいへんよく知られている。また、右大臣藤原豊成《とよなり》の妻は、尚侍の役職をもち、従二位にのぼり、六十三歳で亡くなった藤原百能《もものう》であった。左大臣藤原永手《ながて》の妻は、尚侍兼尚蔵《くらのかみ》の役職をもつ女官、正三位大野仲智《なかち》であった。このような例は、枚挙にいとまがない。

ところが、九世紀後期には、右大臣藤原良房《よしふさ》の妻源潔姫《きよひめ》が、「家夫人」ゆえに従三位に叙位されたのを最初に、以後、大臣の妻たちには、妻であるという理由で位が与えられることがみえてくる。さらに、上層貴族層の母親で女官だった女性が少なくなる。上層貴族の妻たちは、朝廷で奉仕するのではなく、家で妻として母としての役割が求められるようになったのである。さらに、女房や女官として出仕することが恥であるとする女性認識も生まれてくる。

こうして、女性たちは、家妻として、夫の家の管理や統括の役割を果たすようになる。ただし、平安の中ごろは、この家妻になれるのは、同居する北の方だけだった。他の妻たちは、夫の来訪を待つ不安な生活を余儀なくされることが多い。ただし、同居しない妻たちにも、和歌を詠み、書を書き、自分史を綴る能力と教育的下地があった。また、中下級貴族層の女性たちは、女房として朝廷や貴族の家に仕えることが多かった。自己実現の場が、あるいは機会があった。それが、燦然《さんぜん》と輝く女性たちによる古典文学を生み出したのである。

院政期の女性たち

十一世紀末から、天皇の位を下り、太上天皇となった院が、若い天皇より政治的力をもち、「治天の君」として君臨する政治形態である、院政が始まる。家長としての院が力をもち、子息である天皇に大きな力を振るうようになる。さらに、このころ、天皇家にも家領としての荘園が集積されるようになる。莫大な財産を背景に、家長が大きな力を発揮する家が確立したのである。

摂関家でも、十一世紀後期になると、一人の正妻が定着し、「北政所《きたのまんどころ》」と呼ばれるようになる。北政所は、夫の摂関とともに貴族層の正月拝礼を受けるなど、摂関家の家妻として大切な位置を占めるようになる。この時期、摂関家をはじめとして、貴族層でも、軍事貴族として成立した武士層でも、正式な妻は、ふつう、一人になっていく。他は妾的な立場になるのである。結婚して妻になると、家長である夫に従属はするが、しかし、夫の来訪を待ちわび、嫉妬に身を焦がす妻の姿は少なくなる。夫婦の間にできた子どもの養育を夫婦で責任をもって育て、安定した生活を送ることができるようになる。

いっぽうで、夫は多くの女性との性関係が許され、妾をもつことも許されていた。買売春が盛んになっていくのもこの時期からである。しかし、妻には夫以外の男性たちとの性愛関係はけっして許されなくなり、厳しく罰せられるようになる。

治暦《じりやく》の比《ころ》（一〇六五〜六八）、人の妻《め》をとりて妻にしたりける者あり。春宮御即位ありければ、この御時は罪科にもぞ行はるとて、本の人の許に返し遣りおわんぬと云々。

これは、十三世紀初頭に源顕兼《あきかね》によって編まれた説話集である『古事談《こじだん》』に載っている話である。後三条天皇の政治の公平さを褒めている説話であるが、「人の妻を取って妻にすること」が厳しく罰せられ始めたのは、このころである、と後世の貴族層に考えられていたことがうかがえる。

こうして、家が成立し、家妻の役割が固定化するいっぽうで、女性観も大きく変化してくる。関白道隆の妻高階貴子の漢籍能力が、『栄花物語』では高く評価されているのに、院政期にできた『大鏡』では否定的描写になっていたことは、すでにみたところである。

院政期には、女性の漢籍などの教養は、むしろ不必要となったのである。

道綱母が、自分の結婚や生活をしっかりと見据え、夫から独立した自分史を書き、紫式部が、おびただしい漢籍を下地に、新しいジャンルの不朽の名作『源氏物語』を記したのも、清少納言、和泉式部、赤染衛門たちを輩出したのも、平安中期だった。院政期以降、このような女性の手になる名作は、さほど作られなくなる。この理由の一つは、

女のあまりに才かしこきは、ものあしき。

との女性観が貴族層に定着していくからでもあった。

では、庶民層の女性たちは、どのような生活の変化を迎えるのだろうか。庶民層にも経営や生活の単位としての家が成立することは、すでにみたところである。田を請け負う名主層でも、もう少し下の階層の農民層でも、家長は父や夫であった。女たちは父や夫に従った。しかし、農業労働において、女性の労働は、たいへん重要であった。たとえば、農業労働の一つである布や絹の繊維生産は、領主に納める大切な生産品である。これは、間違いなく女たちの労働成果である。名主層の家妻は、娘や下女たち、あるいは周辺の女た

ちを指導し、養蚕から製糸まで、ある場合は絹に織る過程まで、また麻の生産から布製品までを作っていた。田畑の農作業でも同様である。

このような女性の労働力を背景に、庶民層の家では、夫や父の力、すなわち家父長権は、大きな力を発揮することができず、緩やかな力だったことが、さまざまな史料から指摘されている。これは、商いなどにおいても同じだった。近世以降には、穢《けがれ》観が庶民層まで浸透していき、製造場所にさえ出入りできなくなる酒造りにおいても、中世後期の狂言では、女が造り、売っている様子が活写されている。民衆女性たちは、厳しい労働があったゆえに、ある意味では、主体的に、たくましく生きることができたのだと思われる。

家の成立は、男たちへの従属と、生活の安定という二つの側面があったことと、階層によって家のあり方も、そのなかの女たちのあり方も大きく相違することをしっかり見据えなくてはならない。

校閲　北崎隆雄
ＤＴＰ　（有）緑舎

本書は、二〇〇〇年三月に発行された同名書籍に加筆・修正を施した上で、再編集をしたものです。

服藤早苗　ふくとう・さなえ
1947年生まれ。歴史学者、埼玉学園大学名誉教授。
専門は平安時代史、女性史。
東京都立大学大学院人文科学研究科博士課程単位取得退学。
文学博士。
著書に『家成立史の研究』（校倉書房）、
『古代・中世の芸能と買売春』（明石書店）、
『平安朝の母と子』『平安朝の女と男』（ともに中公新書）、
『藤原彰子』（吉川弘文館）など多数。

NHK出版新書 711
「源氏物語」の時代を生きた女性たち
2023年12月10日　第1刷発行

著者　服藤早苗
発行者　松本浩司
発行所　NHK出版
〒150-0042 東京都渋谷区宇田川町10-3
電話 (0570) 009-321（問い合わせ） (0570) 000-321（注文）
https://www.nhk-book.co.jp（ホームページ）

ブックデザイン　albireo
印刷　壮光舎印刷・近代美術
製本　二葉製本

Printed in Japan　ISBN978-4-14-088711-0 C0221

NHK出版新書好評既刊

690
ゼロからの『資本論』
斎藤幸平
あの難解な『資本論』が誰にでも分かるようになる！ 話題の俊英がマルクスとともに〝資本主義後〟の世界を展望する、究極の『資本論』入門書。

691
ウィーン・フィルの哲学
至高の楽団はなぜ経営母体を持たないのか
渋谷ゆう子
奏者は全員個人事業主！ ハプスブルク家の治世から、彼らはいかに後ろ盾なしで伝統を守ってきたのか。歴史を辿り、楽団員への取材から明かす。

692
徹底討論！
問われる宗教と〝カルト〟
島薗 進 釈 徹宗
若松英輔 櫻井義秀
川島堅二 小原克博
人を救うはずの宗教。〝カルト〟との境界はどこにあるのか。第一線にいる研究者・宗教者6人が、宗教リテラシーを身に付ける道筋を照らす。

693
モチベーション脳
「やる気」が起きるメカニズム
大黒達也
意識的な思考・行動を変えるには、無意識の「脳のやる気」を高めることが重要だ。脳が「飽きない」ための仕組みを気鋭の脳神経科学者が解説。

694
早期教育に惑わされない！
子どものサバイバル英語勉強術
関 正生
早期英語教育の誤解を正し、お金と時間をかけずに子どもの英語力を伸ばすコツを伝授。700万人を教えたカリスマ講師による待望の指南書！

695
道をひらく言葉
昭和・平成を生き抜いた22人
NHK「あの人に会いたい」制作班
先達が残した珠玉の言葉が、明日への活力、生きるヒントとなる。不安の時代を生きる私たちの背中をそっと押してくれる名言、至言と出合う。

NHK出版新書好評既刊

徹底解説
エネルギー危機と原発回帰
水野倫之
山崎淑行
原発回帰の課題から再生可能エネルギーの現状まで、NHK解説委員・デスクが日本のエネルギー問題を徹底解説。池上彰氏との特別鼎談も収載！
702

昭和ブギウギ
笠置シヅ子と服部良一のリズム音曲
輪島裕介
大衆音楽史研究の第一人者が楽譜草稿などの貴重資料を渉猟し、「ブギの女王」と「スウィングの申し子」コンビが近代の芸能に遺した業績を書き尽くす。
703

絶滅する「墓」
日本の知られざる弔い
鵜飼秀徳
土葬、風葬から男女別葬、骨仏、肉体と魂を分けて埋葬する両墓制まで。全国各地を取材した著者が、滅びゆく日本の葬送文化を明かす。
704

生成ＡＩの核心
「新しい知」といかに向き合うか
西田宗千佳
社会現象となった生成ＡＩは、我々の生活、働き方をどう変えるのか。リスクや限界も押さえつつ、人間とのベストな協業体制、活かし方を考える。
705

新幹線全史
「政治」と「地形」で解き明かす
竹内正浩
なぜ新駅や路線はその場所につくられたのか。誕生から拡大期を経て、リニア中央新幹線まで。新幹線の歴史を路線ごとに書き尽くす決定版。
706

平安貴族とは何か
三つの日記で読む実像
倉本一宏
周到かつ合理的に立ち回り、腐心しながら朝廷を支えた平安貴族の本当の姿を、『御堂関白記』『権記』『小右記』の三つの古記録から明かす。
707